Pusteblume

Arbeitsheft inklusiv 3

Erarbeitet von
Christa Johanna Gundt
Günther Steinberg-Kawentel

Illustriert von
Anja Rieger

Schroedel
westermann

Hinweise für Lehrerinnen und Lehrer

Das Pusteblume Arbeitsheft inklusiv bietet für Kinder mit individuellem Förderbedarf zu ausgewählten Inhalten des Pusteblume Sprachbuchs vielfältiges Übungsmaterial.

Inhalte wie Struktur des Heftes sind auf die anderen Pusteblume Arbeitshefte abgestimmt. Die Seiten können auch unabhängig voneinander eingesetzt werden.

Der besondere Förderbedarf der Kinder wird berücksichtigt durch:
- eine durchdachte und angemessene Reduktion der Inhalte,
- unterschiedliche Sinneszugänge,
- vielfältige Variationen und Wiederholungen der Aufgaben,
- kooperative Lernformen, wo immer sich diese anbieten,
- den unterstützenden Einsatz von Aufgabensymbolen (s. unten),
- eine übersichtliche und klare Seitengestaltung mit großer Schrift und viel Platz zum Schreiben.

Das Arbeitsheft inklusiv gliedert sich wie die anderen Hefte in diese Bereiche:
A wie Anfang
Werkstatt: Lernen
Werkstatt: Sprechen und Zuhören
Werkstatt: Texte verfassen
Werkstatt: Richtig schreiben
Werkstatt: Sprache untersuchen.
Was kann ich nun?-Seiten, Lösungen und ein Arbeitsplan ermöglichen den Kindern eine eigenständige Kontrolle und unterstützen bei der Dokumentation des Lern- und Übungsprozesses. Bitte kopieren Sie die Vorlage „Zum Ausschneiden" auf S. 76 für die Kinder.

Folgende Aufgabensymbole werden verwendet:

👫 Partnerarbeit	✎ schreiben
✎ verbinden	👄 sprechen, lesen
🖌 malen	👁 sehen
⌣ Silben schwingen	✎ einkreisen
✎ markieren	Goldene Aufgaben: Zusatzaufgaben

Inhaltsverzeichnis

Große und kleine Buchstaben

1 ✎ Ergänze die fehlenden Buchstaben.

A a	B b	C _	_ d	E _	_ f	G _	_ h	I _	_ j
K _	_ l	M _	_ n	O _	_ p	Q _	_ r	S _	_ t
U _	_ v	W _	_ x	Y _	_ z

2 ✎ Verbinde die Buchstaben, die zusammengehören.

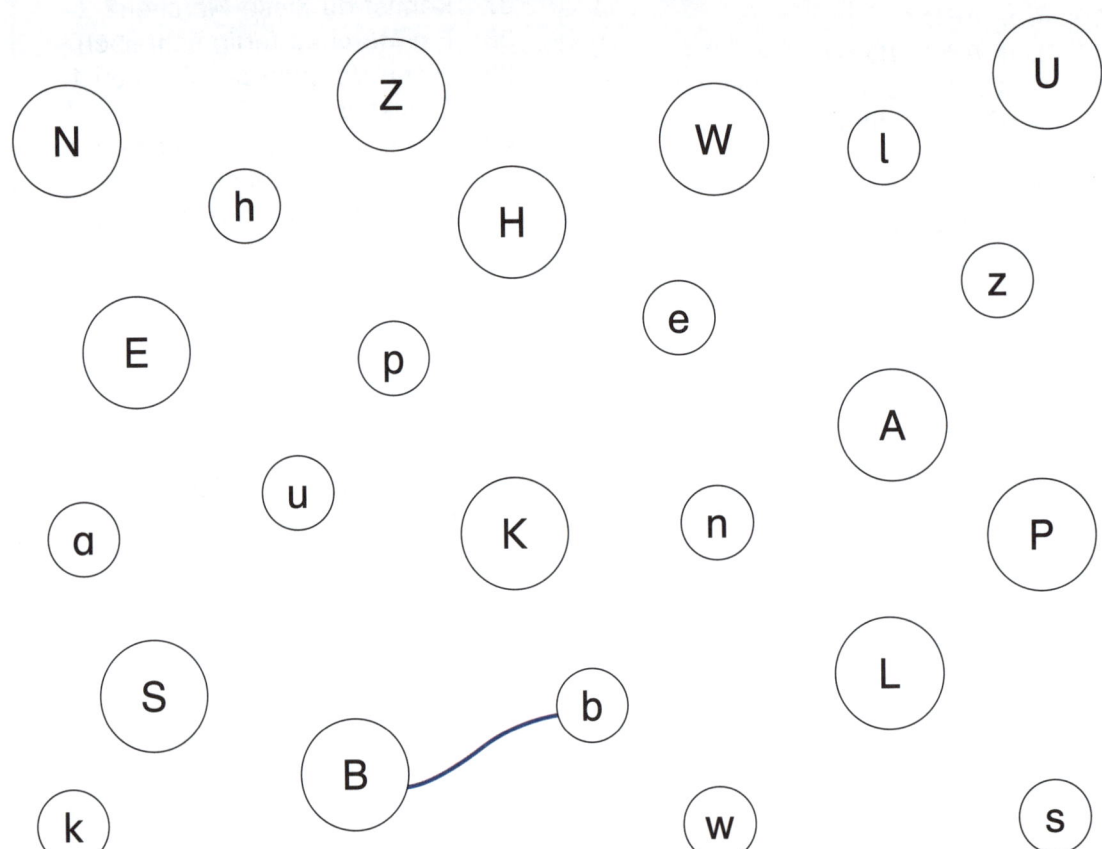

3 ✎ Markiere in Aufgabe 1 und 2 die Selbstlaute rot.

4 👁 Welche Buchstaben aus der ABC-Reihe fehlen?

✎ Schreibe sie auf die Linien.

A̶a̶	C̶c̶	Ff	Hh	Ii	Kk	Ll	Qq	Xx	Yy

Bb, Dd,

A wie Anfang

Selbstlaut und Mitlaut

Merksatz

A/a, E/e, I/i, O/o, U/u sind **Selbstlaute**.
Dazu gehören auch Umlaute **Ä/ä, Ö/ö, Ü/ü**
und Doppellaute **Au/au**, **Ei/ei**, **Äu/äu**, **Eu/eu** und **ie**.

Ein Selbstlaut klingt von selbst schon toll,
durch ihn wird jedes Wort erst voll.

1 Kreise alle Selbstlaute (rot) ein.

ⓐ	Ⓚ	Ⓛ	Ⓔⓘ	ⓜ	ⓕ	ⓞ̈	Ⓡ	ⓢ	ⓒⓗ	Ⓜ	ⓘ	ⓖ
D	ü	j	P	k	W	e	äu	C	Ä	z	Y	I
n	S	H	Eu	O	t	F	ei	U	d	B	p	G
T	A	x	w	h	J	L	N	Au	b	ie	v	r

Merksatz

Alle anderen Buchstaben sind Mitlaute.

2 Kreise alle Mitlaute (grün) ein.

3 Setze die fehlenden Selbstlaute rot ein.

H o s _

K _ n _

Bl _ m _

M _ _ s

_ l _

B _ r

Wörter in Silben zerlegen

Sprich die Wörter langsam mit,
jede Silbe, Schritt für Schritt.

1 ‿ Male Silbenbögen unter die Wörter.

⌣ ◉ Sprich dabei leise mit.

Schu le   Ta fel   Te le fon   wun der bar   Was ser glas

2 ⌣ ◉ Sprich die Wörter beim Lesen leise mit.

‿ Male dabei die Silbenbögen.

to ben   wan dern   Musik   Salat

Winter   Sommer   küssen   winken

schreiben   Werbung   Dunkelheit   Abend

3 ‿ Male Silbenbögen unter die Wörter.

✎ Verbinde sie dann mit dem passenden Kasten.

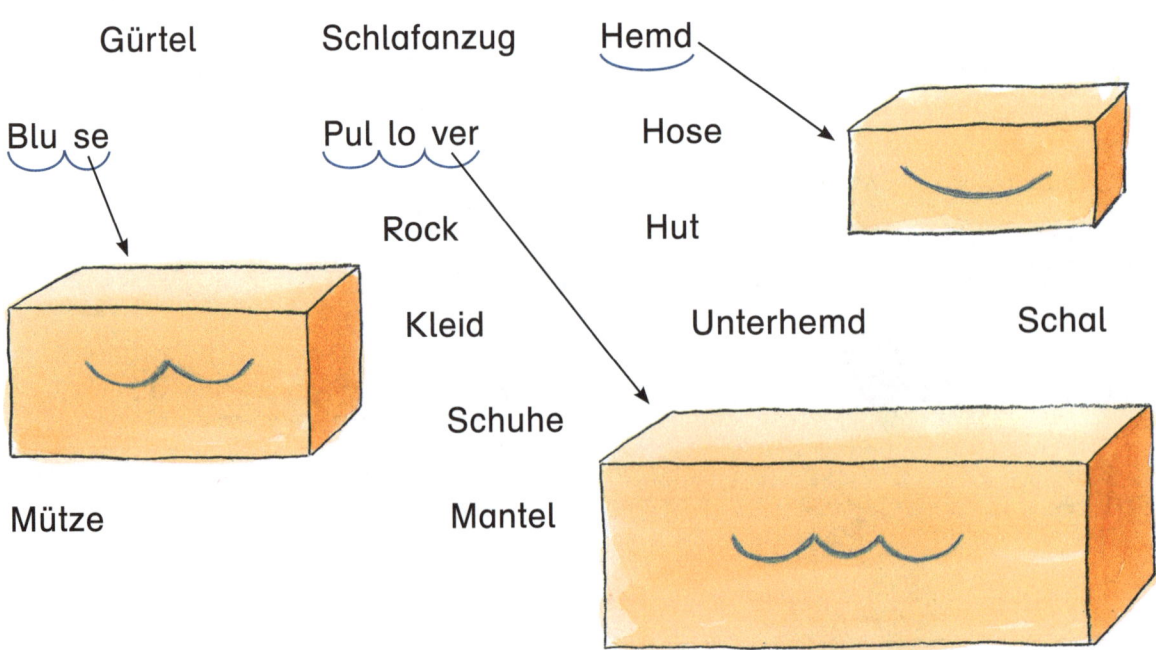

Gürtel   Schlafanzug   Hemd

Blu se   Pul lo ver   Hose

              Rock   Hut

              Kleid   Unterhemd   Schal

              Schuhe

Mütze   Mantel

Offene und geschlossene Silben

Eine offene Silbe kann man sooooo lang sprechen.

Merksatz

Eine offene Silbe hat am Ende einen Selbstlaut.
Eine geschlossene Silbe hört mit einem Mitlaut auf.

Bei einer offenen Silbe kann ich den Silbenbogen ganz lang malen.

A wie Anfang

1 ⌣ ⌣ Sprich die Wörter langsam in Silben.

Dehne die Silben mit den großen Bögen ganz lang.

I gel   Kä fer   Pu ma   E le fant   Pan da

2 ⌣ Sprich die Wörter langsam in Silben.

⌣ Male dabei die Silbenbögen.

du schen	Lot to 	nie sen
win ken 	Ra sen 	Schnee
Ost see	Fla min go 	Eu len 
Kän gu ru 	Brei	Blau mei sen

5-Sätze-Geschichte 1

1 👁 Was siehst du auf der Karte?

2 ✏ Male einen Schatz in die Schatzkiste.

3 ✎ Schreibe die Sätze 3, 4 und 5 zu Ende.

Schatzsuche

1. Auf dieser Insel gibt es einen Schatz.

2. Er ist gut versteckt.

3. Ich möchte _____.

4. In einer Höhle entdecke ich _____.

5. Jetzt _____.

© Bildungshaus Schulbuchverlage

5-Sätze-Geschichte 2

1 ✎ Schreibe die Geschichte zu Ende.

Der Schatz im Meer

1. Heute darf ich tauchen.

2. Langsam gleite ich nach unten.

3. _____ .

4. _____ .

5. _____ .

2 ✏ Male deinen Schatz in die Kiste.

✎ In der Kiste sind: _____

Das ABC

1  Lies deinem Partnerkind das ABC laut vor.

A B C D E F G H I J K L M N O P Q R S T U V W X Y Z

2  Lest abwechselnd die Buchstaben in den Kästchen laut vor.

A B C D E   F G H I J   K L M N O   P Q R S T   U V W X Y Z

3 Sage das ABC auswendig auf.

 Dein Partnerkind markiert die Buchstaben, die du sagst.

Es hilft dir, wenn du nicht weiter weißt.

A B C D E F G H I J K L M N O P Q R S T U V W X Y Z

Tier-ABC

4 Verbinde die Buchstaben nach dem ABC.

So entsteht ein Tierbild.

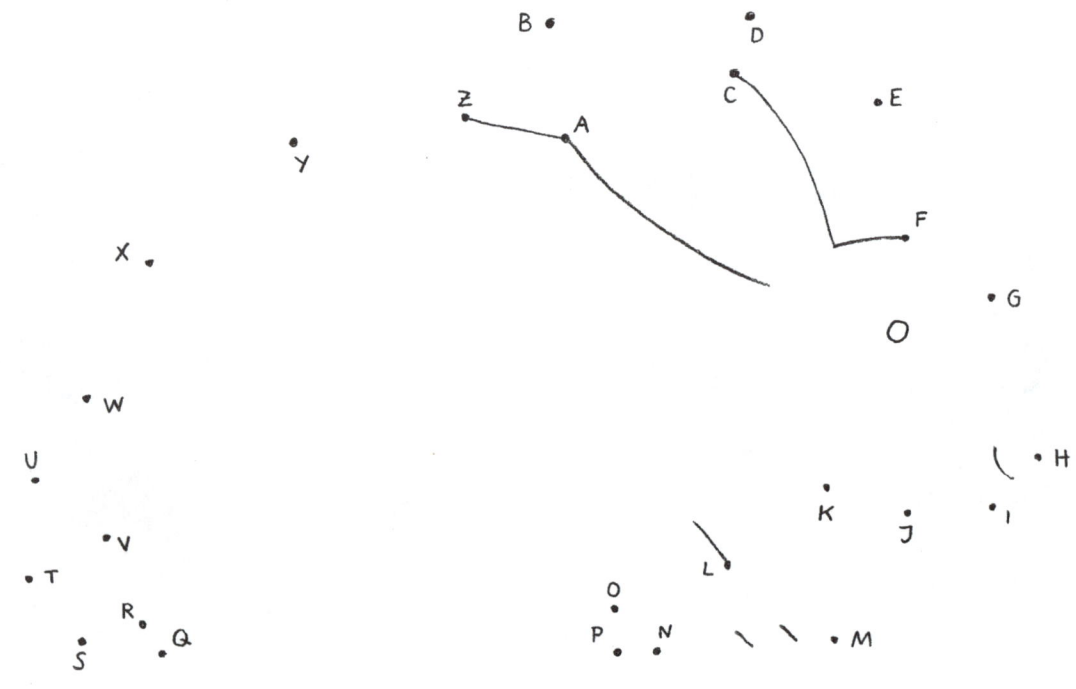

Es ist ein _____.

Lernen

Das ABC und die Fee

1 👁 👄 Lies das Gedicht zuerst leise, dann laut.

A B C D E,
da kommt die kleine Fee.

F G H I J,
sie zaubert flott.

K L M N O
und macht uns alle froh.

P Q R S T,
malt jedem einen bunten Zeh.

U V W X,
das geht ganz fix.

Y und Z,
ist das nicht nett?
(Christa Johanna Gundt)

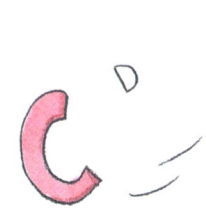

2 👥 👄 Suche dir ein Partnerkind.

Lest abwechselnd immer zwei Zeilen vor.

3 👥 👄 Lernt das Gedicht auswendig.

4 👥 👄 Tragt das Gedicht in der Klasse vor.

Jeder spricht immer zwei Zeilen.

Lernen

ABC: Buchstaben finden 1

Alle Nomen, denke dran,
fangen mit einem großen Buchstaben an.

1 Wie heißt du?

✏ Markiere die Buchstaben deines Namens im ABC.

Für manche Namen sind diese Laute wichtig:

✎ Ich heiße: _____

2 ✏ Markiere die Buchstaben
✎ und schreibe die Namen auf die Linien.

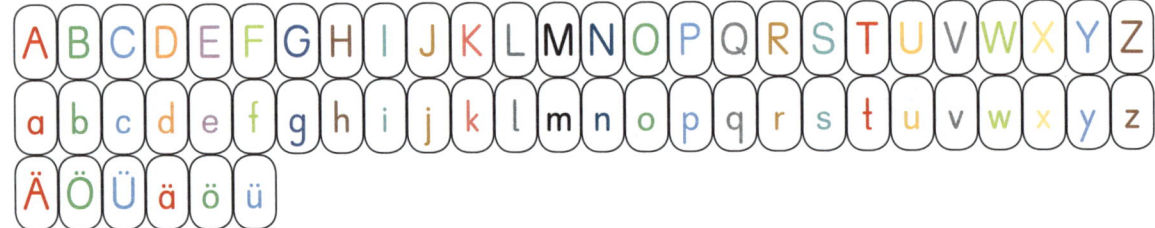

🖍 Mein Freund heißt: _____

🖍 Meine Freundin heißt: _____

🖍 Meine Lehrerin heißt: _____

🖍 Meine Mutter heißt: _____

🖍 Mein Vater heißt: _____

Lernen

ABC: Buchstaben finden 2

1 ✏ Markiere die Buchstaben für dein Lieblingstier.

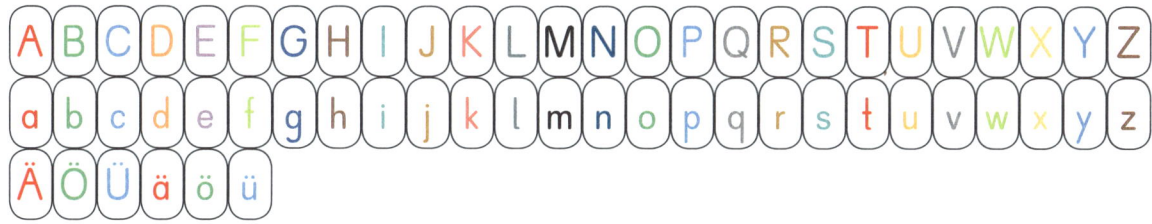

✏ Ich mag gern _____.

2 ✏ Markiere die Buchstaben für dein Lieblingsessen.

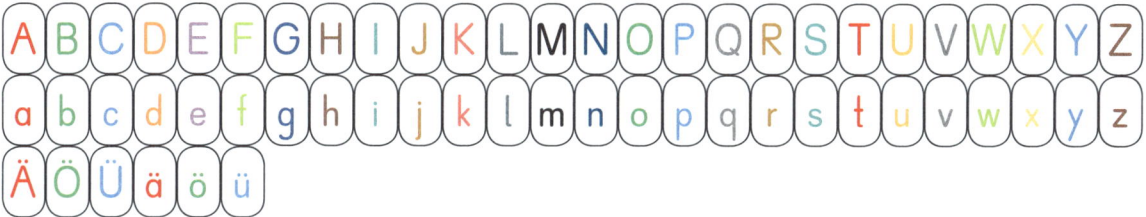

✏ Ich esse gern _____.

3 ✏ Markiere die Buchstaben für dein Hobby.

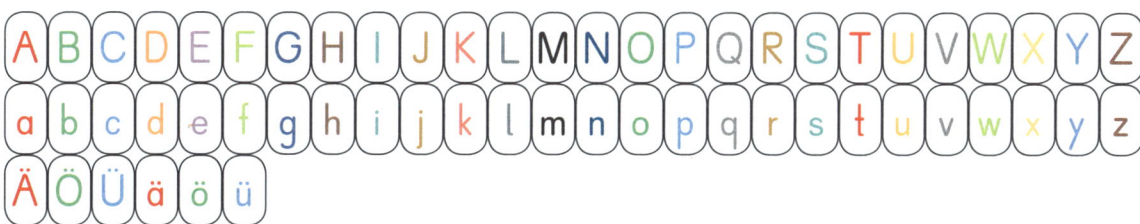

✏ Ich mag gern _____.

Lernen

ABC: Wörter ordnen 1

1 ✎ Ordne die Wörter nach dem ABC und schreibe sie auf.

Tipp

- Tipp: Markiere zuerst den **1.** Buchstaben

Zelt   Rose   ~~Ampel~~   Haus   Berg   Computer   Wasser   Uhu
Tasche   Dorf   Vase   Esel   Giraffe   Salz   Quelle   Frosch
Igel   Kamel   Jacke   Luft   Nase   Ort   Maus   Pizza

A: _____Ampel_____

B: _____

C: _____

D: _____

E: _____

F: _____

G: _____

H: _____

I: _____

J: _____

K: _____

Lernen

ABC: Wörter ordnen 2

L: _____

M: _____

N: _____

O: _____

P: _____

Q: _____

R: _____

S: _____

T: _____

U: _____

V: _____

W: _____

X: _____ Xylofon _____

Y: _____ Yak _____

Z: _____

Lernen

ABC: Was tun die Kinder? 1

1 👁 ✏ Schreibe auf, wie die Kinder heißen und was sie tun.

Lara Fine Karl Paul ~~X~~ Mia ~~Anna~~ Otto David Vera
Sara Zita Elias Gerd ~~Ben~~ Ida Helena Jonas ~~Clara~~
Niko ~~Quentin~~ Ronja Teresa Uta Willi ~~Xaver~~

 Anna _____ angelt. _____

Ben _____ baut. _____

Clara _____ chillt. _____

 D _____ d _____ .

E _____ e _____ .

F _____ f _____ .

 G _____ g _____ .

H _____ h _____ .

 I _____ i _____ .

J _____ j _____ .

K _____ k _____ .

L _____ l _____ .

M _____ m _____ .

Lernen

ABC: Was tun die Kinder? 2

malt   puzzelt   ~~angelt~~   rechnet   liest   ~~macht nix~~   faulenzt

hilft   erzählt   joggt   grinst   ~~baut~~   isst   versteckt sich

näht   ~~chillt~~   weint   zählt   träumt   ~~quatscht~~   spielt   denkt

klingelt   ordnet   unterstreicht   ~~schläft noch~~

N _____   n _____ .

O _____   o _____ .

P _____   p _____ .

Quentin _____   quatscht. _____

R _____   r _____ .

S _____   s _____ .

T _____   t _____ .

U _____   u _____ .

V _____   v _____ .

W _____   w _____ .

Xaver _____   macht nix. _____

Y _____   schläft noch. _____

Z _____   z _____ .

Lernen

ABC: Nomen im Wörterbuch finden

1 👁 Suche in deinem Wörterbuch das erste Nomen

für diese 10 Buchstaben.

2 ✎ Schreibe das Nomen auf die Linie

und die Seitenzahl aus dem Wörterbuch dahinter.

A: _____, Seite _____

D: _____, Seite _____

F: _____, Seite _____

K: _____, Seite _____

M: _____, Seite _____

O: _____, Seite _____

R: _____, Seite _____

T: _____, Seite _____

W: _____, Seite _____

Z: _____, Seite _____

Lernen

ABC: Verben im Wörterbuch finden

1 ✎ Schreibe diese Verben auf die Linie zum passenden Buchstaben.

kaufen rollen baden zaubern holen

anfangen gehen lesen tanzen fangen

2 👁 Suche die Verben in deinem Wörterbuch.

✎ Schreibe die Seitenzahl dahinter.

a: _____ , Seite _____

b: _____ , Seite _____

f: _____ , Seite _____

g: _____ , Seite _____

h: _____ , Seite _____

k: _____ , Seite _____

l: _____ , Seite _____

r: _____ , Seite _____

t: _____ , Seite _____

z: _____ , Seite _____

Lernen

Deutlich sprechen, genau zuhören 1

1 👧👦👄 Dein Partnerkind sagt nacheinander,

was in den beiden Reihen abgebildet ist.

Ein Bild lässt es aus. Welches?

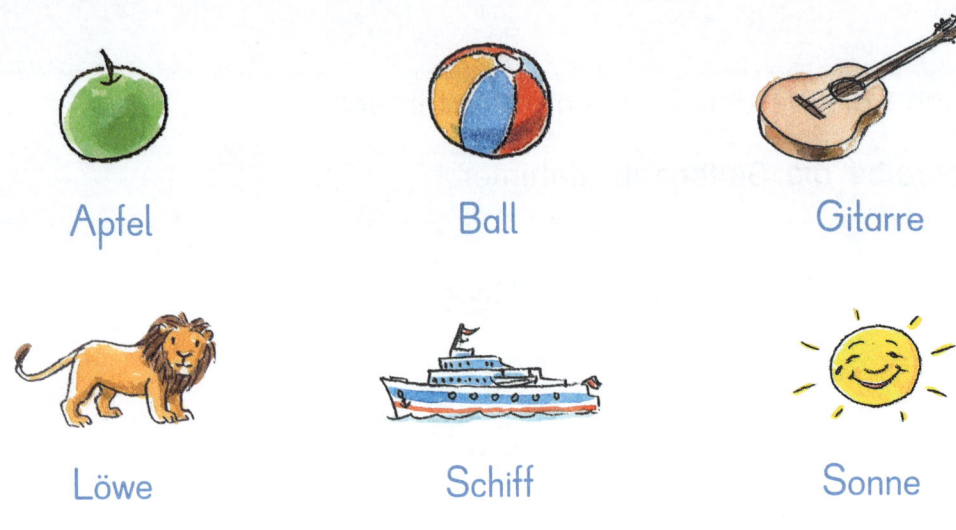

Apfel   Ball   Gitarre

Löwe   Schiff   Sonne

✏ Schreibe das Wort auf: _____

2 👧👦👄 Nun sagst du nacheinander,

was in diesen beiden Reihe abgebildet ist.

Ein Bild lässt du aus. Welches?

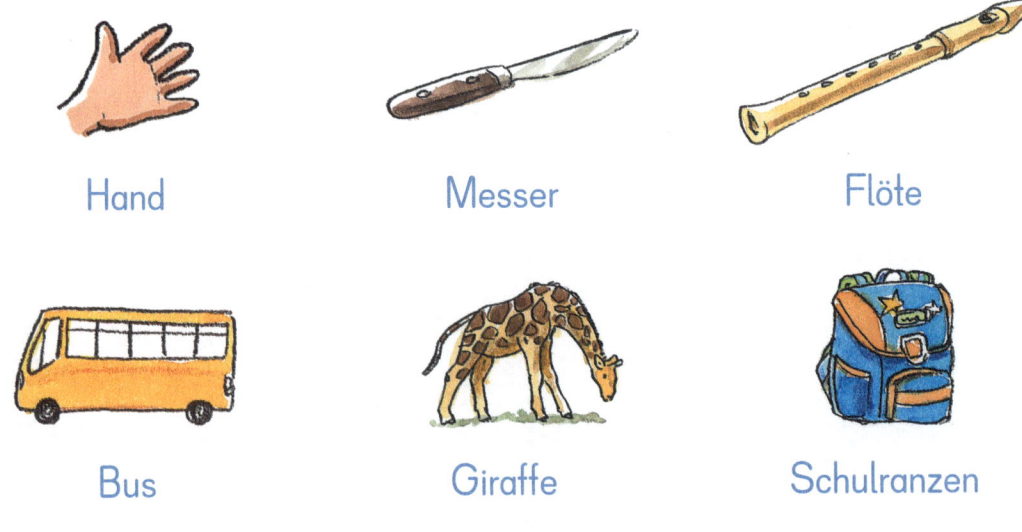

Hand   Messer   Flöte

Bus   Giraffe   Schulranzen

✏ Schreibe das Wort auf: _____

3 👧👦 Ihr könnt das Spiel noch einmal spielen.

Sprechen und Zuhören

Deutlich sprechen, genau zuhören 2

1 ✎ Verbinde mit einem Buntstift die Zahlen,

so dass ein Muster entsteht.

1 •   2 •   3 •   4 •   5 •   6 •   7 •

8 •   9 •   10 •   11 •   12 •   13 •   14 •

2 👧👦👄 Diktiere deinem Partnerkind dein Muster.

✎ Es verbindet die Zahlen in seinem Heft.

3 ✎ Sind eure Muster gleich? Ja ☐ Nein ☐

4 ✎ Verbinde mit einem Buntstift die Buchstaben,

so dass ein Wort entsteht. Auch Quatschwörter sind erlaubt.

A •   B •   C •   D •   E •   F •

G •   H •   I •   J •   K •   L •

M •   N •   O •   P •   Q •   R •

S •   T •   U •   V •   W •   X •

Y •   Z •   Ä •   Ö •   Ü •

5 👧👦👄 Diktiere deinem Partnerkind die Buchstaben.

✎ Es schreibt das Wort auf die Linie:

_____

6 ✎ Ist das Wort richtig? Ja ☐ Nein ☐

7 👧👦 Dann macht ihr es umgekehrt.

Genau beschreiben, gut zuhören 1

1 👁 ✏⃝ Suche dir 4 Bilder aus und kreise sie rot ein.

2 👧👦 👄 Beschreibe sie deinem Partnerkind nacheinander.

✏⃝ Es kreist diese Bilder in seinem Heft auch ein.

✏▬ Habt ihr dieselben Bilder eingekreist? Ja ☐ Nein ☐

3 👧👦 Nun macht ihr es umgekehrt mit einer anderen Farbe.

✏▬ Habt ihr wieder dieselben Bilder eingekreist? Ja ☐ Nein ☐

Sprechen und Zuhören

Genau beschreiben, gut zuhören 2

1 👧👦✏️ Einigt euch, wer das Dschungelbild auf dieser Seite

anmalt und wer das Unterwasserbild auf Seite 24.

Ihr dürft nicht gucken, was euer Partnerkind malt!

2 👧👦👄 Beschreibe deinem Partnerkind langsam und genau,

welche Farben die Pflanzen und Tiere auf deinem Bild haben.

✏️ Es soll das Bild in seinem Heft genauso anmalen.

3 👧👦👁️👄 Vergleicht eure Bilder und sprecht darüber.

Sprechen und Zuhören

Genau beschreiben, gut zuhören 3

1 👥✏️ Wiederholt die Aufgaben von S. 23.

2 👥👄 Beschreibe deinem Partnerkind langsam und genau,

welche Farben die Pflanzen und Tiere auf deinem Bild haben.

✏️ Es soll das Bild in seinem Heft genauso anmalen.

3 👥👄 Vergleicht eure Bilder und sprecht darüber.

Worauf muss man beim Beschreiben besonders achten?

Sprechen und Zuhören

Schatzsuche 1

1 👧👦💬 Ihr seid Piraten und habt zwei Schätze vergraben.

Einigt euch, wer den Schatz auf dieser Seite versteckt

und wer auf Seite 26.

✏️ Mache ein Kreuz, wo dein Schatz vergraben ist.

🖍️ Zeichne mit einem Buntstift vom „START" einen Weg zum Schatz.

Dieser kann im Zickzack verlaufen.

2 👧👦💬 Beschreibe deinem Partnerkind langsam und genau den Weg

zu deinem Schatz.

🖍️ Es soll diesen Weg auf seiner Karte einzeichnen.

3 👧👦✏️ Hat dein Partnerkind deinen Schatz gefunden? Ja ☐ Nein ☐

Schatzsuche 2

1 👧👦💬 Wiederholt die Aufgaben von S. 25.

✏️ Nimm für den Weg zum Schatz eine neue Farbe.

Sprechen und Zuhören

2 👧👦✏️ Hast du den Schatz deines Partnerkindes gefunden?

Ja ☐ Nein ☐

3 👧👦✏️ War die Suche einfach?

Ja ☐ Nein ☐

💬 Worauf muss man beim Beschreiben besonders achten?

Einen Streit klären

1 👄 Betrachte die Bilder genau.

Suche dir ein Schlussbild auf Seite 76 aus,

schneide es aus und klebe es auf.

Sprechen und Zuhören

2 👥👁 Vergleiche mit einem Partnerkind,

welches Schlussbild es aufgeklebt hat.

3 👥👄 Sprecht über den Streit und über eure Lösungen.

Gedicht vortragen 1

1 ⌣ Lies das Gedicht erst leise, dann laut.

2 👫⌣ Lies mit einem Partnerkind abwechselnd jeweils eine Strophe.

Hausspruch

In meinem Haus,

da wohne ich,

da schlafe ich,

da esse ich.

Und wenn du willst,

dann öffne ich

die Tür

und lass dich ein.

In meinem Haus,

da lache ich,

da weine ich,

da träume ich.

Und wenn ich will,

dann schließe ich

die Tür

und bin allein.

(Gina Ruck-Pauquèt)

3 Überlege, was du in deinem

Haus gern tun möchtest.

✎ Schreibe es auf die Zeilen.

In meinem Haus,

da _____ ich,

da _____ ich,

da _____ ich.

In meinem Haus,

da _____ ich,

da _____ ich,

da _____ ich.

4 👫⌣ Tragt das Gedicht mit den eigenen Zeilen in der Gruppe vor.

Sprechen und Zuhören

Gedicht vortragen 2

1 ⬯ ✎ Lies das Gedicht und schreibe die Reimwörter auf die Linien.

Der Hase mit der roten Nase

Es war einmal ein Hase

mit einer roten _____   vor

und einem blauen Ohr.

Das kommt ganz selten _____.   Nase

● Die Tiere wunderten sich sehr:

Wo kam denn dieser Hase _____?   erkannt

Er hat im Gras gesessen

und still den Klee _____.   her

Und als der Fuchs vorbeigerannt,

hat er den Hasen nicht _____.   vor

● Da freute sich der Hase.

„Wie schön ist meine _____   gefressen

und auch mein blaues Ohr,

das kommt so selten _____." "   Nase

(Helme Heine)

2 ✎ Male den Hasen

mit den richtigen Farben an.

Sprechen und Zuhören

Ein Elfchen schreiben 1

Ein Elfchen ist ein **Gedicht** mit 5 Zeilen.

Es besteht aus 11 Wörtern,

die sich nicht reimen müssen.

So geht es	Beispiel
1 wichtiges Wort (Nomen)	Sonne
2 Wörter (Was passiert?)	leuchtet warm
3 Wörter (Wo oder wie?)	am blauen Himmel.
4 Wörter (Was hat es mit mir zu tun?)	Ich mag den Sonnenschein.
1 wichtiges Schlusswort	Sommer!

1 ✎ Ergänze die fehlenden Zeilen.

Regen

fällt herab

in dicken Tropfen.

Ich _____ _____ _____.

_____!

2 ✎ Male in den Kasten ein kleines Bild zu deinem Regen-Elfchen.

Ein Elfchen schreiben 2

1 ✎ Schreibe das Elfchen in der richtigen Reihenfolge auf.

im weiten Weltraum.

Ich würde gern mitfliegen.

~~Rakete~~

rasend schnell

Lichtjahre!

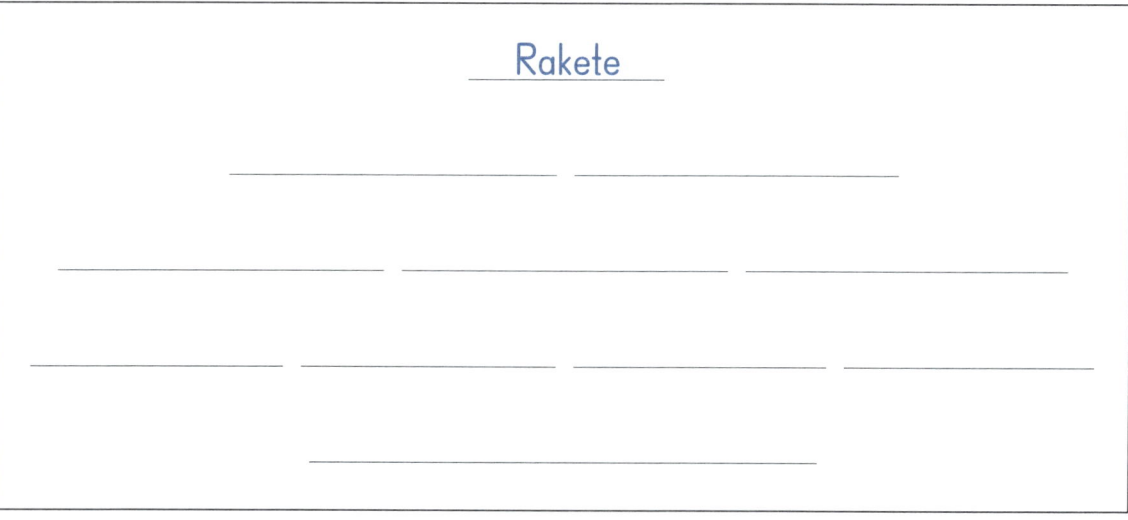

Rakete

2 ✎ Schreibe ein eigenes Elfchen.

Themenvorschläge: Ferien, Freunde, Hobby oder was du möchtest

3 ✎ Male ein Bild zu deinem Elfchen.

Texte verfassen

Wunschgedicht 1

1 Lass dir das Gedicht vorlesen.

Kinderwünsche aus aller Welt

Ich möchte weniger Fehler machen,

keiner soll mehr über mich lachen.

Ich möchte einen Freund an der Seite,

der wär für Mobber eine große Pleite.

Ich möchte gern beim Fußball mitflitzen

und nicht nur auf der Reservebank sitzen.

Ich möchte für alle Frieden haben

und eine Welt in bunten Farben.

Ich möchte keine Angst mehr spüren,

man soll mich in sichere Häuser führen.
(Christa Johanna Gundt)

2 Was möchtest du?

✎ Schreibe zwei Wünsche auf die Zeilen.

Ich möchte _____ ,

_____ .

Ich möchte _____ ,

_____ .

3 👄 Lies deine Wünsche in der Gruppe laut vor.

Texte verfassen

Wunschgedicht 2

1 ✏️ ✏️ Male oder schreibe deine Wünsche in den Rahmen.

2 ✏️ ✏️ Male oder schreibe in den Rahmen,

was du dir für andere Kinder wünschst.

Texte verfassen

33

Klassenbriefkasten

Heimliche Wünsche werden selten erfüllt!

Du musst sie nur auf- schreiben und einwerfen!

1 ✏️ 🖊️ Male oder schreibe auf einen Zettel,

was du dir für deine Klasse wünschst.

Wirf deinen Wunsch in den Klassenbriefkasten.

2 ✏️ 🖊️ Male oder schreibe auf einen Zettel,

was du dir von einem anderen Kind wünschst

oder was du gut oder nicht so gut findest.

Wirf deinen Wunsch in den Klassenbriefkasten.

Für Jonas!
Ich finde es gut,
dass du mich jeden Morgen abholst.
Von Saskia

Liebe Frau Meier,
ich wünsche mir,
dass es in der Klasse leiser ist.
Von Michel

Für Paul und Oskar!
Ich möchte in der Pause
gern mitspielen.
Von Tim

Für Pia!
Du sollst mir nicht immer
mein Lineal wegnehmen.
Von Kati

3 Wenn der Klassenbriefkasten geleert wird,

kannst du auf Briefe an dich auch antworten.

Ein Rondell schreiben

Ein Rondell hat **8 Zeilen**.
Die Zeilen **1**, **4**, **7** und die Zeilen **2** und **8** sind gleich.

1 👄 Lies das Rondell erst leise, dann laut.

Unsere Erde ist schön.

Ein leuchtend blauer Planet.

Ich wohne darauf.

Unsere Erde ist schön.

Ich mag die Berge und Meere.

Auch die Tiere und Pflanzen gefallen mir.

Unsere Erde ist schön.

Ein leuchtend blauer Planet.

2 ✎ Schreibe ein eigenes Rondell.

Meine Stadt heißt _____

Sie hat _____

Ich _____

Meine Stadt heißt _____

Ich mag _____

Auch _____

Meine Stadt heißt _____

Sie hat _____

Hilfs-Wörter:

Fluss,

Schwimmbad,

Sportplatz,

Burg,

Einwohner,

Straßen, Berg,

Häuser, Schule,

Spielplatz

Texte verfassen

1 👁 Schau dir das Märchenbild an.

✎ Schreibe die Namen der Märchen auf die Zeilen.

Die Bremer Stadtmusikanten, Hänsel und Gretel, Dornröschen,

Schneewittchen und die sieben Zwerge, Sterntaler

Texte verfassen

© Bildungshaus Schulbuchverlage

Kennst du diese Märchen? 2

1 👁 Lies die fünf Sätze.

---

1. Es war einmal ein schönes Mädchen.

2. Die böse Mutter schickte es in den tiefen Wald.

3. Hier lebte es bei sieben Zwergen.

4. Die Zwerge retteten das Mädchen.

5. Das Mädchen wurde eine Königin.

2 ✎ Erkennst du das Märchen?

Schreibe die Überschrift auf die Zeile.

3 👁 Lies die fünf Sätze.

---

1. Es waren einmal vier Tiere.

2. Alle waren alt und wurden nicht mehr gebraucht.

3. Sie gingen nach Bremen, um dort Musik zu machen.

4. Sie jagten die Räuber fort.

5. Dann lebten sie zufrieden, bis an ihr Ende.

4 ✎ Erkennst du das Märchen?

Schreibe die Überschrift auf die Zeile.

Texte verfassen

Ein Märchen fertig schreiben

1 👁 Lies den Märchentext.

2 ✎ Ergänze die fehlenden Wörter.

Die Sterntaler

Es war einmal ein Mädchen,

das hatte keine Eltern mehr.

Allein ging es in den Wald.

Einem Kind gab es seine _____.

Ein anderes Kind bekam seine _____.

Zum Schluss hatte es nichts mehr.

Auf einmal fielen die _____ vom Himmel

und waren Taler aus _____.

Das Mädchen trug ein neues _____

aus schönem Stoff.

Es sammelte alle _____ hinein.

Nun war das Mädchen _____.

Wenn es nicht gestorben ist,

dann lebt es noch heute.

3 👧👦 👁 Lies das Märchen ohne Überschrift
einem anderen Kind laut vor. Erkennt es das Märchen?

Texte verfassen

Einen Vorgang beschreiben 1: Obstsalat

1   👁 Schau dir die Bilder an.

2   ✏ Schreibe unter die Bilder, was die Kinder tun.

_____   _____   _____

_____   _____   _____

_____   _____   _____

_____   _____   _____

3   ✏ Schreibe Obstsorten auf, die du kennst:

_____

4   👥 Bereitet nach dieser Anleitung einen Obstsalat zu.

Einen Vorgang beschreiben 2: Papierflieger falten

1 Schneide die Textkärtchen von Seite 76 aus.

2 👁 Lies die Kärtchen durch und lege sie zum richtigen Bild.

3 Kontrolliere und klebe sie dann auf.

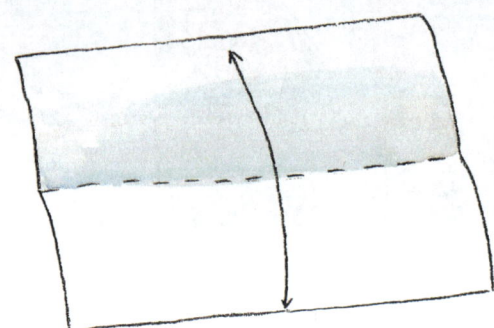

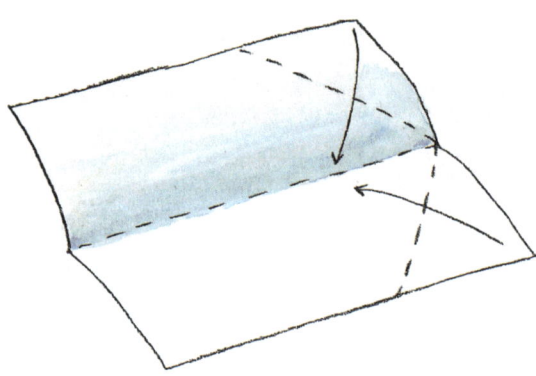

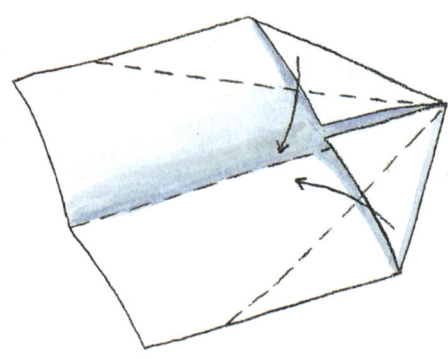

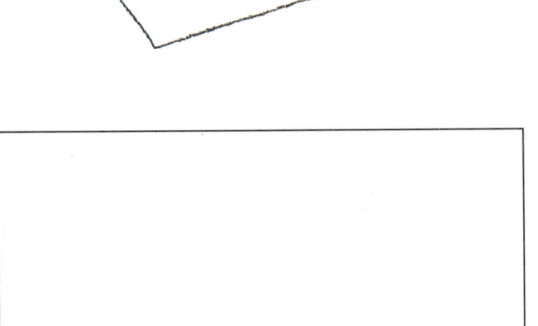

Einen Vorgang beschreiben 3:
Papierflieger falten

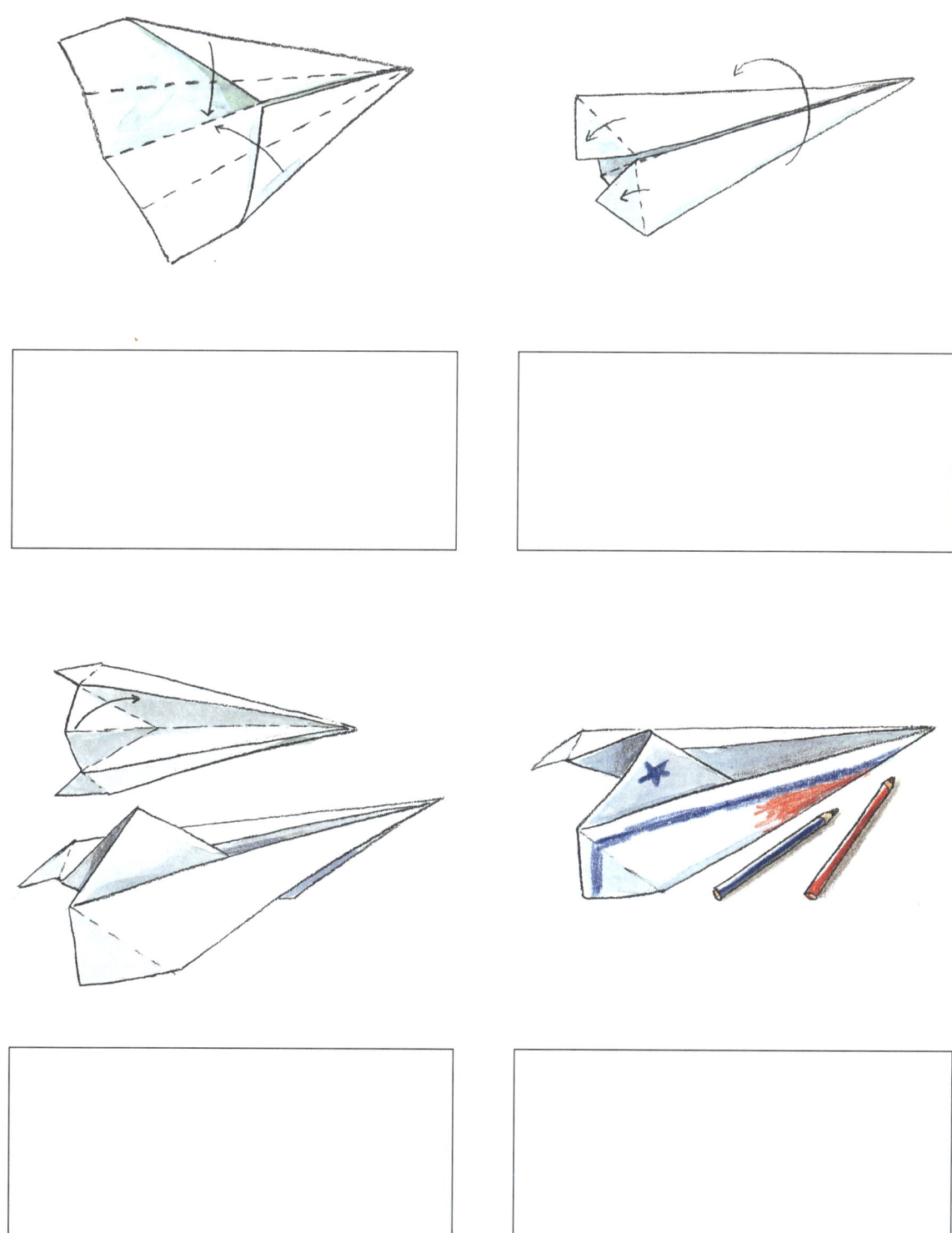

4 Nun kannst du einen eigenen Papierflieger basteln. Viel Spaß!

Doppelte Mitlaute schreiben

Wörter, die sich reimen, werden ähnlich geschrieben:
Klasse – Tasse, Wanne – Tanne, Suppe – Puppe.

1 ✎ Verbinde die Wörter, die sich reimen.

✎ Markiere die Buchstaben, die gleich sind.

Sonne   Messer   Pappe   Zelle   Nüsse   Rolle

besser   Tonne   Wolle   Küsse   Kappe   Pelle

2 ✎ Schreibe das Reimwort auf.

✎ Markiere die Buchstaben, die gleich sind.

Schüssel   –   Rüssel

Wetter   –   _____

Griffe   –   _____

Falle   –   _____

Wette   –   _____

Klammer   –   _____

Schwämme   –   _____

Flüsse   –   _____

Affe   –   _____

Nachdenkwörter: Doppelte Mitlaute 1

Einmal doppelt, immer doppelt!

1 ⌣ ✎ Male Silbenbögen und schreibe dann das Wort.

Die helle Sonne. Die Sonne scheint hell.

Die krumme Banane. Die Banane ist krumm.

Der dumme Affe. Der Affe ist _____.

Die nette Lehrerin. Die Lehrerin ist _____.

Die dünne Frau. Die Frau ist _____.

Der stumme Fisch. Der Fisch ist _____.

Merksatz

Wenn doppelte Mitlaute am Wortende stehen, kannst du sie nicht hören. Dann musst du das Wort verlängern.

Verlängere das Wort, dann weißt du es sofort!

Die Schmerzen sind schli___. (m oder mm?) verlängern

Die schlimmen Schmerzen. deshalb

Die Schmerzen sind schli___.

Die Frau ist schö___. (n oder nn?) verlängern

Die schöne Frau. deshalb ▶ Die Frau ist schö___.

Richtig schreiben

Nachdenkwörter: Doppelte Mitlaute 2

1 ⌣ ⌣ Verlängere die Wörter und male Silbenbögen darunter.

✎ Setze dann die fehlenden Buchstaben ein.

Das Auto fährt schne___. (l oder ll?) [verlängern ▶]

Das schne_ll_e Auto. [deshalb ▶]

Das Auto fährt schne___.

Die Hose ist ro___. (t oder tt?) [verlängern ▶]

Die ro___e Hose. [deshalb ▶]   Die Hose ist ro___.

Die Verkleidung ist kra____. (s oder ss?) [verlängern ▶]

Die kra____e Verkleidung. [deshalb ▶]

Die Verkleidung ist kra____.

Merksatz

Wenn du „k–k" sprichst, musst du „ck" schreiben:
lecker, Zucker, Hocker, Bäcker.

Das Nilpferd ist di____. (k oder ck?) [verlängern ▶]

Das dicke Nilpferd. [deshalb ▶]   Das Nilpferd ist di____.

Nachdenkwörter mit *ck* schreiben

1 ⌣ ✎ Verlängere das Wort

und setze die fehlenden Buchstaben ein.

Das Schiff ist le____. (k oder ck?) `verlängern`

Das le____e Schiff. `deshalb` → Das Schiff ist le____.

Das Kleid ist schi____. (k oder ck?) `verlängern`

Das schi____e Kleid. `deshalb` → Das Kleid ist schi____.

> **Tipp**
>
> Verlängere bei Verben so: Sie de___t den Tisch. (k oder ck?)
> → Wir decken den Tisch.

Die Wir-Form hilft dir bei Verben, alle Buchstaben zu hören.

2 ⌣ ⌣ Verlängere das Wort

und male die Silbenbögen darunter.

✎ Setze dann die fehlenden Buchstaben ein.

Papa ba___t einen Kuchen. (k oder ck?) `verlängern`

Wir ba____en einen Kuchen. `deshalb`

Papa ba____t einen Kuchen.

Richtig schreiben

Nachdenkwörter schreiben 1

Schreibt man das Wort am Ende mit **g** oder **k**?

Verlängere das Wort, dann weißt du es sofort!

Merksatz

Wenn ein Wort am Ende wie (*p*), (*t*) oder (*k*) klingt,
wird es trotzdem manchmal mit *b*, *d* oder *g* geschrieben.
Damit du weißt, welcher Buchstabe am Schluss richtig ist,
musst du das Wort verlängern.

1 Verlängere das Wort

und male die Silbenbögen darunter.

Setze dann die fehlenden Buchstaben ein.

Oma ist kran___. (g oder k?) verlängern

Die kranke Oma. deshalb ➤ Oma ist kran<u>k</u>.

Oma ist wieder gesun___. (d oder t?) verlängern

Die gesun__e Oma. deshalb ➤ Oma ist wieder gesun___.

Der Hund ist lie___. (b oder p?). verlängern

Der lie__e Hund. deshalb ➤ Der Hund ist lie___.

46

Nachdenkwörter schreiben 2

Tipp

Verlängere bei Verben so: Das Kind fra___t den Lehrer. (g oder k?)
→ Wir fragen den Lehrer.

1 👄 ‿ Verlängere das Wort

und male die Silbenbögen darunter.

✏ Setze dann die fehlenden Buchstaben ein.

● Papa sä___t (g oder k?) das Brett durch. `verlängern`

Wir sägen das Brett durch. `deshalb`

Papa säg t das Brett durch.

Die Lehrerin lo___t (b oder p?) das Kind. `verlängern`

Wir lo___en das Kind. `deshalb`

Die Lehrerin lo___t das Kind.

● Der Autofahrer hu___t (b oder p?) laut. `verlängern`

Wir hu___en laut. `deshalb`

Der Autofahrer hu___t laut.

Hal___ (d oder t?) den Hund an der Leine! `verlängern`

Wir hal___en den Hund an der Leine. `deshalb`

Hal___ den Hund an der Leine!

Wörter einer Wortfamilie erkennen

Wörter, die sich ähnlich sind, sind wie Vater, Mutter, Kind – eine Wortfamilie.

1 Kreise jede Wortfamilie mit einer anderen Farbe ein.

(suchen)   ausdenken   Findelkind   Frage   fliegen

denken   Fliege   abwarten   (Suchbild)   gewartet

finden   nachdenklich   (durchsuchen)   abfragen

rausfliegen   Finderlohn   fragen   warten

2 Schreibe die Wörter einer Wortfamilie von Aufgabe 1 auf eine Linie.

suchen, Suchbild, durchsuchen _____

_____

_____

_____

_____

3 Markiere den Wortstamm.

Richtig schreiben

Wörter einer Wortfamilie schreiben

Merksatz

Wörter einer Wortfamilie haben denselben Wortstamm:

rollen, **Roll**er, ge**roll**t, ab**roll**en.

1 ✏ Markiere die Wortstämme.

malen	**Ma**ler	gemalt	anmalen
Kleber	kleben	aufkleben	angeklebt
rechnen	Rechner	Rechnung	ausgerechnet
ruft	gerufen	rufen	Anruf

Bei einer Wortfamilie ist meist der Wortstamm gleich.

2 ✏ Schreibe den Wortstamm in die Lücken.

Achte auf den großen Buchstaben beim Nomen.

das **Los**	ver_____en	ausge____t	die Ver_____ung
schreiben	der _____er	ab_____en	die Be_____ung
die Heizung	ge_____t	_____en	ver_____t
rennen	der _____fahrer	weg_____en	das Wett_____en

Nomen erkennen

Merksatz

Nomen sind Namen für Menschen, Tiere, Pflanzen und Dinge.
Sie werden großgeschrieben und haben einen Begleiter (Artikel),
z. B. das Kind, der Hund, das Auto, die Blume.

1 Kreise alle Nomen auf dem Bild ein.

Merksatz

Nomen können in der Einzahl und in der Mehrzahl stehen:
das Brot – die Brote, ein Tisch – viele Tische.

2 Schreibe fünf Nomen in der Einzahl und Mehrzahl

mit Begleiter in die Tabelle.

Einzahl	Mehrzahl
das Ei	die Eier

50

Zusammengesetzte Nomen

Nomen kann man zusammensetzen.
Aus zwei Nomen wird ein Nomen,
das genauer sagt, was gemeint ist:
die Schnecke + das Haus = das Schneckenhaus.

1 ✎ Schreibe die zusammengesetzten Nomen mit Begleiter auf.

Tipp: Die Lösungswörter findest du unten im Rahmen.

● der Regen + der Bogen = <u>der Regenbogen</u>

der Zahn + die Bürste = _____

der Fuß + der Ball = _____

das Auto + der Reifen = _____

die Schule + der Ranzen = _____

● das Haus + das Tier = _____

Lösungswörter: das Haustier, der Fußball, der Schulranzen,
die Zahnbürste, der Autoreifen, der Regenbogen

2 ✎ Schreibe zwei eigene zusammengesetzte Nomen auf.

_____ + _____ = _____

_____ + _____ = _____

Sprache untersuchen

Verben erkennen

Verben sagen, was man **tun** kann: rennen, spielen, malen.

1 👁 ✏ Lies den Text und markiere die Verben.

<u>In der Schule</u>

Die Kinder lernen.

Lisa und Ina rechnen.

Ole und Tim lesen.

In der Pause spielen sie auf dem Hof.

Nach der Schule gehen alle nach Hause.

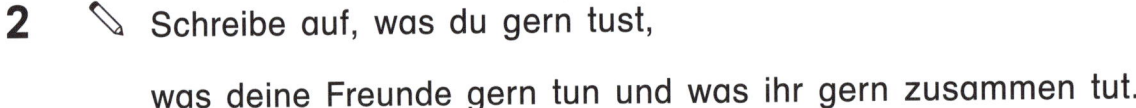

2 ✏ Schreibe auf, was du gern tust,

was deine Freunde gern tun und was ihr gern zusammen tut.

Ich _____ gern.

Ich _____ gern.

Mein Freund _____ gern.

Meine Freundin _____ gern.

Wir _____ gern zusammen.

Wir _____ gern zusammen.

Sprache untersuchen

Verben können sich verändern

Verben verändern sich, je nachdem, wer etwas tut:
singen: ich singe, du singst, er singt, wir singen, ihr singt, sie singen.
Dabei verändert sich die Endung.
Der Wortstamm bleibt immer gleich.

1 ✎ Schreibe die Verbformen richtig auf.

✎ Markiere den Wortstamm rot und die Endungen blau.

suchen

ich suche

du such____

er such____

sie such____

es such____

wir such____

ihr such____

sie such____

rufen

ich _____

du _____

_____

_____

_____

_____

_____

_____

2 ✎ Setze die Verben in den richtigen Formen ein.

✎ Welches Verb passt in der letzten Zeile?

Heute _____ es in Strömen.
   (regnen)

Dann _____ und _____ es.
   (blitzen)   (donnern)

In der Pause _____ wir im Klassenzimmer.

Sprache untersuchen

Adjektive erkennen

Adjektive sagen, **wie** etwas ist:
Das Eis ist **kalt**. – das **kalte** Eis

1 ✎ Markiere die Adjektive.

Die Straße ist lang.   –   die lange Straße

Das Haus ist alt.   –   das alte Haus

Das Auto ist schnell.   –   das schnelle Auto

Das Kind ist hungrig.   –   das hungrige Kind

Der Berg ist hoch.   –   der hohe Berg

Damit du es nie mehr vergisst:
Das Adjektiv sagt, wie es ist.

2 ✎ Schreibe die passenden Adjektive in die Lücken.

Es ist __früh__ am Morgen.   lautes

Ein _____ Geräusch hat Timo geweckt.   müde

Das war Timos _____ Wecker.   ~~früh~~

Timo ist noch sehr _____.   schnell

Aber er hat auch _____ Hunger.   neuer

Da springt er _____ aus dem Bett.   großen

Mit Adjektiven vergleichen

Mit Adjektiven kann man **vergleichen**:
Leon ist groß. Ali ist größer. Nelli ist am größten.

1 ✎ Schreibe die passenden Adjektive auf die Zeilen.

Das Haus ist ___hoch___.   am höchsten

Der Kran ist ___höher___.   ~~hoch~~

Der Berg ist _____.   ~~höher~~

Das Pony ist _____.   klein

Der Hund ist _____.   am kleinsten

Die Maus ist _____.   kleiner

Der Fisch ist _____.   länger

Die Schlange ist _____.   am längsten

Der Wal ist _____.   lang

Sprache untersuchen

Die wörtliche Rede 1

Alles, was jemand sagt, ist wörtliche Rede.

Merksatz

Wenn jemand **anfängt** zu sprechen, setzt man Redezeichen **unten** „.
Wenn jemand **aufhört** zu sprechen, setzt man Redezeichen **oben** ".

1 Schreibe die Sätze aus den Sprechblasen als wörtliche Rede auf.

Mir ist so langweilig!

Ich gehe ins Hallenbad.

„Mir ist so langweilig!" _____

Kann ich mitkommen?

Klar, das wäre toll!

_____ _____

Sprache untersuchen

Die wörtliche Rede 2

Merksatz

Damit man weiß, **wer** gerade spricht, schreibt man
vor der wörtlichen Rede einen **Begleitsatz** mit **Doppelpunkt**.
Lena sagt: „Dann weiß man auch ohne Bilder, wer gerade redet."

1 ✎ Schreibe die Begleitsätze vor die wörtliche Rede.

Verwende diese Verben: antworten, meinen, rufen.

Hast du die Hausaufgaben verstanden?

Nein, tut mir leid.

Umut fragt: „Hast du die
Hausaufgaben verstanden?"

_____ :

„Nein, tut mir leid."

Wollen wir Jan fragen?

Gute Idee!

_____ : _____ :

„_____ " _____

Was kann ich nun?

Möchtest du wissen, was du nun alles kannst?
Löse die Aufgaben und finde es heraus!
Ab Seite 62 kannst
du nachschauen,
ob du alles richtig
gemacht hast.

Male in die leeren Kreise:
Ich fand die Aufgabe

leicht   😊

mittel   😐

schwer   ☹️

Ab Seite 62 kannst du nachschauen,

A wie Anfang

1 ✏️ Markiere die Selbstlaute in den Wörtern **rot**.

Hupe	Auto	trösten	Kinderwagen
Bein	dunkel	Ball	blinde
Rose	Wüste	Biene	Häuser
Leute	März	Reisebus	Zebra

2 👄 Sprich die Wörter langsam in Silben.

⌣ Male die Silbenbögen unter die Wörter.

Bär	schwimmen	Segel
Bingo	Fantasie	Winter
brüllen	Löwen	Beutel
Häuser	Autowerkstatt	wo

Was kann ich nun?

Werkstatt: Lernen

1 👁 ✏ Suche die Namen **MAJA** und **TIMO** und markiere sie.

K	T	U	L	Q
B	I	R	S	C
N	M	A	J	A
W	O	X	H	D

2 ✏ Schreibe fünf Obstsorten auf.

_____

_____

3 ✏ Markiere den 1. Buchstaben.

✏ Schreibe sie dann nach dem ABC geordnet auf.

_____

_____

Was kann ich nun?

Werkstatt: Richtig schreiben

1 👄 Verlängere das Wort.

✏️ Setze dann die fehlenden Buchstaben ein.

Die Tulpen sind gel___. (b oder p?) `verlängern` ➤

Die gel___en Tulpen. `deshalb` ➤ Die Tulpen sind gel___.

Bin___ dir die Schuhe zu! (d oder t?) `verlängern` ➤

Wir bin___en uns die Schuhe zu. `deshalb` ➤

Bin___ dir die Schuhe zu!

Lisa pflü____t Äpfel. (k oder ck?) `verlängern` ➤

Wir pflü____en Äpfel. `deshalb` ➤ Lisa pflü____t Äpfel.

2 ✏️ Schreibe den Wortstamm in die Lücken.

die Rede – ge_____et – die Verab_____ung – mit_____en

spielen – mit _____en – der _____er – das _____

Was kann ich nun?

Werkstatt: Sprache untersuchen

1 Zerlege die zusammengesetzten Nomen in zwei Teile.

✎ Schreibe die Nomen mit Begleiter auf.

Gartentor = _____ + _____

Kellerfenster = _____ + _____

Haustür = _____ + _____

Apfelbaum = _____ + _____

2 ✎ Setze die richtige Form des Verbs ein.

Wenn ich rufe, _____ du mich.
(hören)

Ob du _____, das weiß ich nicht.
(kommen)

3 ✎ Setze die richtige Form des Adjektivs ein.

Der Ranzen ist _____. am schwersten

Der Koffer ist _____. schwer

Die Kiste ist _____. schwerer

Was kann ich nun?

Lösungen

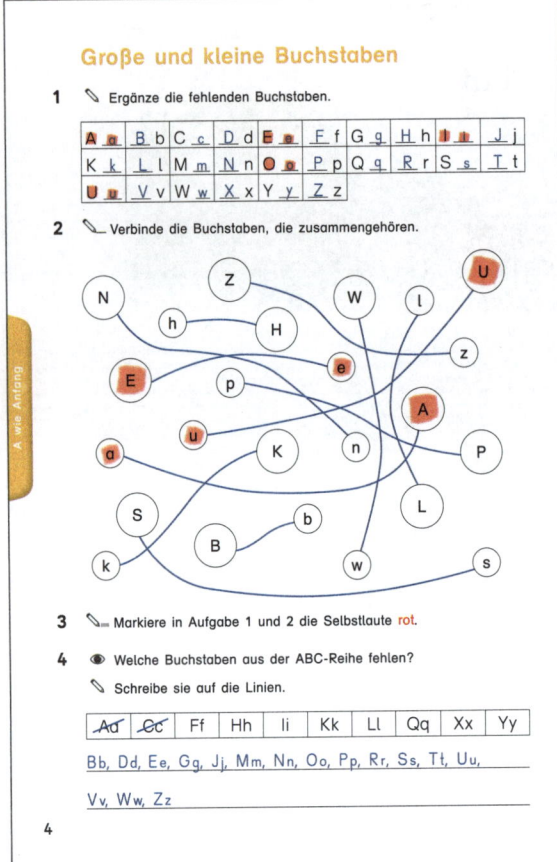

Große und kleine Buchstaben

1 ✎ Ergänze die fehlenden Buchstaben.

Aa	Bb	Cc	Dd	Ee	Ff	Gg	Hh	Ii	Jj
Kk	Ll	Mm	Nn	Oo	Pp	Qq	Rr	Ss	Tt
Uu	Vv	Ww	Xx	Yy	Zz				

2 ✎ Verbinde die Buchstaben, die zusammengehören.

3 ✎ Markiere in Aufgabe 1 und 2 die Selbstlaute rot.

4 👁 Welche Buchstaben aus der ABC-Reihe fehlen?

✎ Schreibe sie auf die Linien.

Aa	Cc	Ff	Hh	Ii	Kk	Ll	Qq	Xx	Yy

Bb, Dd, Ee, Gg, Jj, Mm, Nn, Oo, Pp, Rr, Ss, Tt, Uu,

Vv, Ww, Zz

4

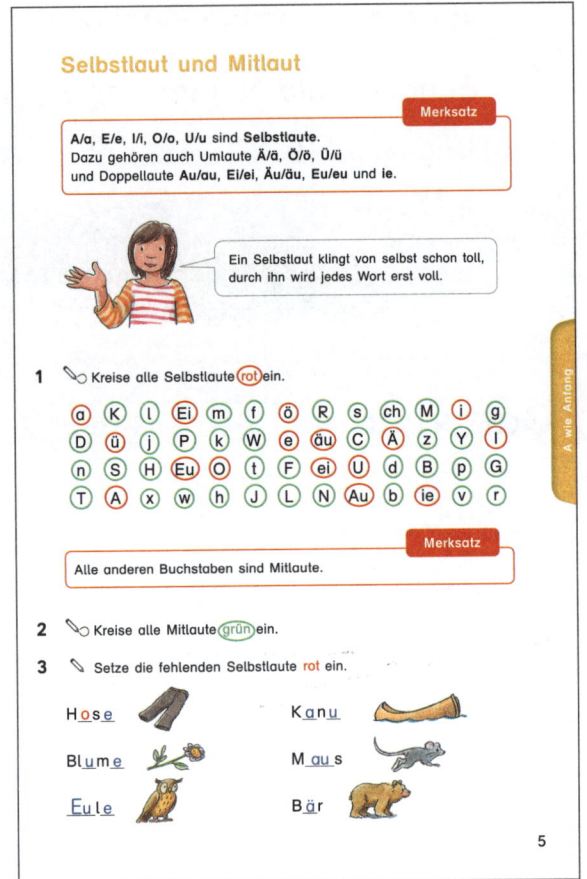

Selbstlaut und Mitlaut

Merksatz

A/a, E/e, I/i, O/o, U/u sind **Selbstlaute**.
Dazu gehören auch Umlaute **Ä/ä, Ö/ö, Ü/ü**
und Doppellaute **Au/au, Ei/ei, Äu/äu, Eu/eu** und **ie**.

Ein Selbstlaut klingt von selbst schon toll,
durch ihn wird jedes Wort erst voll.

1 ✎ Kreise alle Selbstlaute rot ein.

a K L Ei m f ö R s ch M i g
D Ü j P k W e äu C Ä z y I
n S H Eu O t F ei U d B p g
T A x w h J L N Au b ie v e

Merksatz

Alle anderen Buchstaben sind Mitlaute.

2 ✎ Kreise alle Mitlaute grün ein.

3 ✎ Setze die fehlenden Selbstlaute rot ein.

Hose   Kanu

Blume   Maus

Eule   Bär

5

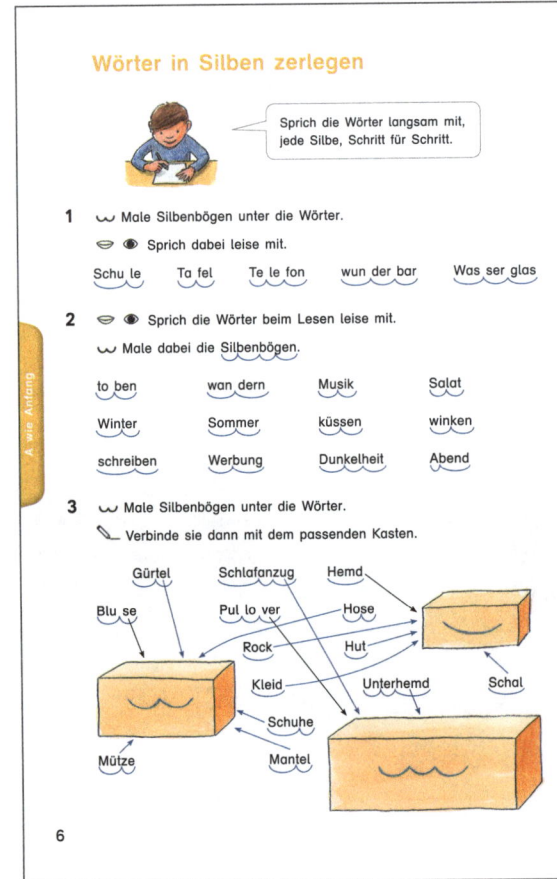

Wörter in Silben zerlegen

Sprich die Wörter langsam mit,
jede Silbe, Schritt für Schritt.

1 ⌣ Male Silbenbögen unter die Wörter.

👁 Sprich dabei leise mit.

Schu le   Ta fel   Te le fon   wun der bar   Was ser glas

2 👁 Sprich die Wörter beim Lesen leise mit.

⌣ Male dabei die Silbenbögen.

to ben   wan dern   Mu sik   Sa lat

Win ter   Som mer   küs sen   win ken

schrei ben   Wer bung   Dun kel heit   A bend

3 ⌣ Male Silbenbögen unter die Wörter.

✎ Verbinde sie dann mit dem passenden Kasten.

Gürtel   Schlafanzug   Hemd
Blu se   Pul lo ver   Hose
            Rock   Hut
            Kleid   Unterhemd   Schal
            Schuhe
Mütze   Mantel

6

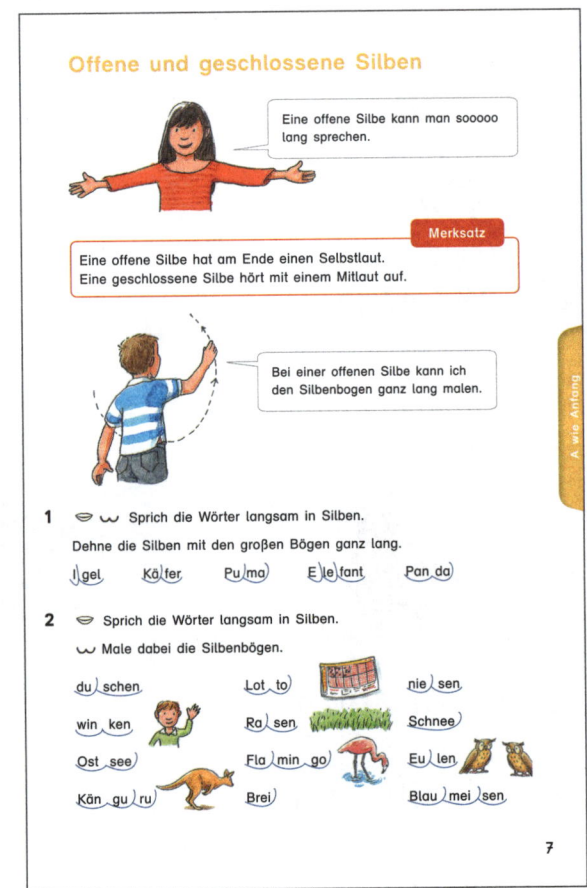

Offene und geschlossene Silben

Eine offene Silbe kann man sooooo
lang sprechen.

Merksatz

Eine offene Silbe hat am Ende einen Selbstlaut.
Eine geschlossene Silbe hört mit einem Mitlaut auf.

Bei einer offenen Silbe kann ich
den Silbenbogen ganz lang malen.

1 ⌣ Sprich die Wörter langsam in Silben.

Dehne die Silben mit den großen Bögen ganz lang.

I gel   Kä fer   Pu ma   E le fant   Pan da

2 ⌣ Sprich die Wörter langsam in Silben.

⌣ Male dabei die Silbenbögen.

du schen   Lot to   nie sen

win ken   Ra sen   Schnee

Ost see   Fla min go   Eu len

Kän gu ru   Brei   Blau mei sen

7

Das ABC

1 👥🗣 Lies deinem Partnerkind das ABC laut vor.

A B C D E F G H I J K L M N O P Q R S T U V W X Y Z

2 👥🗣 Lest abwechselnd die Buchstaben in den Kästchen laut vor.

A B C D E | F G H I J | K L M N O | P Q R S T | U V W X Y Z

3 🗣 Sage das ABC auswendig auf.

👥✏ Dein Partnerkind markiert die Buchstaben, die du sagst.

Es hilft dir, wenn du nicht weiter weißt.

A B C D E F G H I J K L M N O P Q R S T U V W X Y Z

Tier-ABC

4 ✏ Verbinde die Buchstaben nach dem ABC.

So entsteht ein Tierbild.

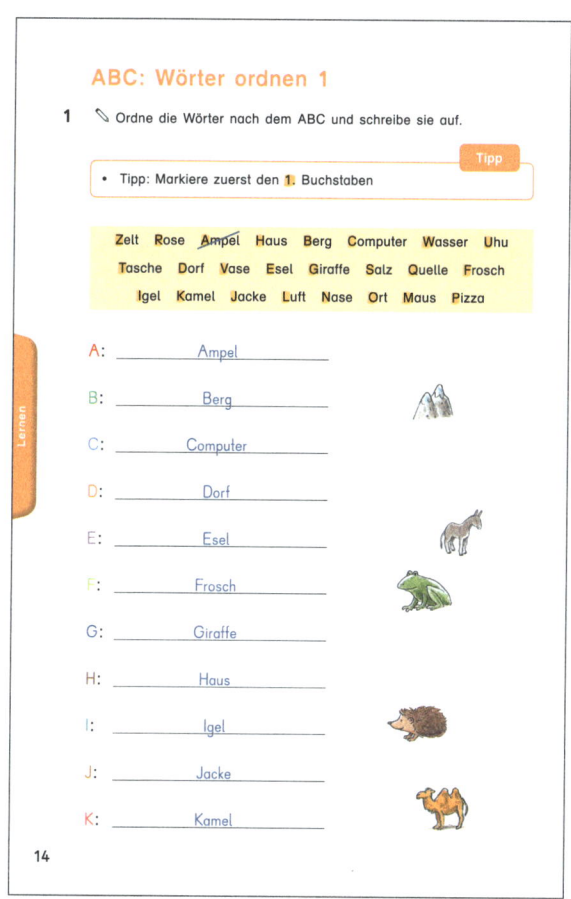

✏ Es ist ein _____Hase_____ .

10

ABC: Wörter ordnen 1

1 ✏ Ordne die Wörter nach dem ABC und schreibe sie auf.

• Tipp: Markiere zuerst den **1.** Buchstaben

Zelt Rose Ampel Haus Berg Computer Wasser Uhu
Tasche Dorf Vase Esel Giraffe Salz Quelle Frosch
Igel Kamel Jacke Luft Nase Ort Maus Pizza

A: _____Ampel_____

B: _____Berg_____

C: _____Computer_____

D: _____Dorf_____

E: _____Esel_____

F: _____Frosch_____

G: _____Giraffe_____

H: _____Haus_____

I: _____Igel_____

J: _____Jacke_____

K: _____Kamel_____

14

ABC: Wörter ordnen 2

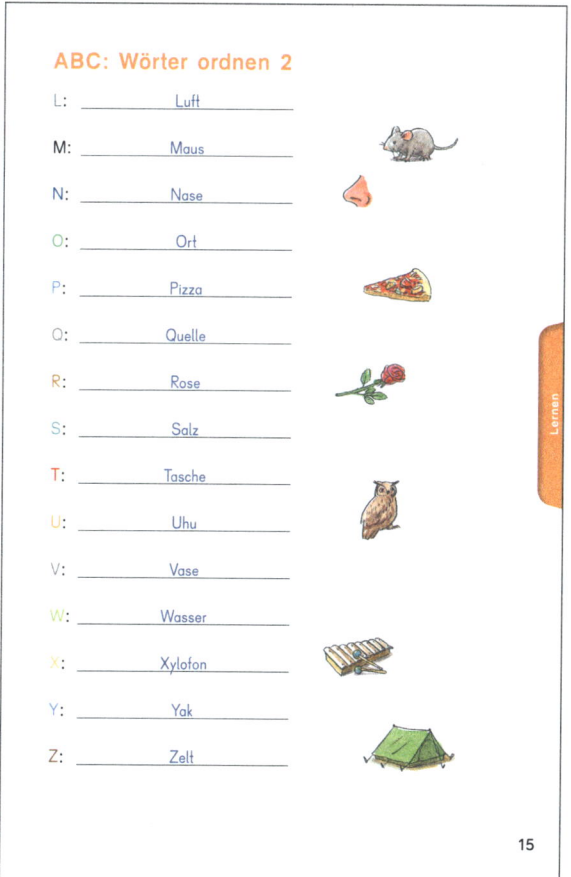

L: _____Luft_____

M: _____Maus_____

N: _____Nase_____

O: _____Ort_____

P: _____Pizza_____

Q: _____Quelle_____

R: _____Rose_____

S: _____Salz_____

T: _____Tasche_____

U: _____Uhu_____

V: _____Vase_____

W: _____Wasser_____

X: _____Xylofon_____

Y: _____Yak_____

Z: _____Zelt_____

15

ABC: Was tun die Kinder? 1

1 👁✏ Schreibe auf, wie die Kinder heißen und was sie tun.

Lara Fine Karl Paul Mia Anna Otto David Vera
Sara Zita Elias Gerd Ben Ida Helena Jonas Clara
Niko Quentin Ronja Teresa Uta Willi Xaver

Anna	angelt.
Ben	baut.
Clara	chillt.
David	denkt.
Elias	erzählt.
Fine	faulenzt.
Gerd	grinst.
Helena	hilft.
Ida	isst.
Jonas	joggt.
Karl	klingelt.
Lara	liest.
Mia	malt.

16

63

ABC: Was tun die Kinder? 2

malt puzzelt angelt rechnet liest macht ni faulenzt
hilft erzählt joggt grinst baut isst versteckt sich
näht chillt weint zählt träumt quatscht spielt denkt
klingelt ordnet unterstreicht schläft noch

Niko	näht	.
Otto	ordnet	.
Paul	puzzelt	.
Quentin	quatscht.	
Ronja	rechnet	.
Sara	spielt	.
Teresa	träumt	.
Uta	unterstreicht	.
Vera	versteckt sich	.
Willi	weint	.
Xaver	macht ni.	
Y	schläft noch.	
Zita	zählt	.

ABC: Verben im Wörterbuch finden

1 ✎ Schreibe diese Verben auf die Linie zum passenden Buchstaben.

kaufen rollen baden zaubern holen
anfangen gehen lesen tanzen fangen

2 ◉ Suche die Verben in deinem Wörterbuch.
   ✎ Schreibe die Seitenzahl dahinter.

a: anfangen , Seite _____

b: baden , Seite _____

f: fangen , Seite _____

g: gehen , Seite _____

h: holen , Seite _____

k: kaufen , Seite _____

l: lesen , Seite _____

r: rollen , Seite _____

t: tanzen , Seite _____

z: zaubern , Seite _____

Gedicht vortragen 2

1 👄 ✎ Lies das Gedicht und schreibe die Reimwörter auf die Linien.

Der Hase mit der roten Nase

Es war einmal ein Hase

mit einer roten Nase   vor

und einem blauen Ohr.

Das kommt ganz selten vor .   Nase

Die Tiere wunderten sich sehr:

Wo kam denn dieser Hase her ?   erkannt

Er hat im Gras gesessen

und still den Klee gefressen .   her

Und als der Fuchs vorbeigerannt,

hat er den Hasen nicht erkannt .   vor

Da freute sich der Hase.

„Wie schön ist meine Nase   gefressen

und auch mein blaues Ohr,

das kommt so selten vor ."   Nase

(Helme Heine)

2 ✎ Male den Hasen
mit den richtigen Farben an.

Ein Elfchen schreiben 2

1 ✎ Schreibe das Elfchen in der richtigen Reihenfolge auf.

im weiten Weltraum.
Ich würde gern mitfliegen.
Rakete
rasend schnell
Lichtjahre!

	Rakete	
rasend		schnell
im	weiten	Weltraum.
Ich	würde	gern mitfliegen.
	Lichtjahre!	

2 ✎ Schreibe ein eigenes Elfchen.
Themenvorschläge: Ferien, Freunde, Hobby oder was du möchtest

3 ✎ Male ein Bild zu deinem Elfchen.

Kennst du diese Märchen? 1

1 👁 Schau dir das Märchenbild an.

✎ Schreibe die Namen der Märchen auf die Zeilen.

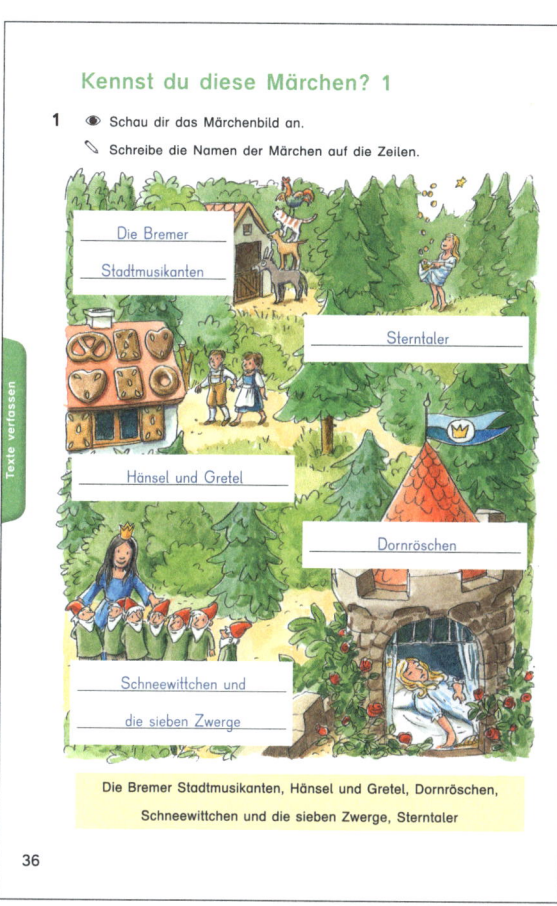

Die Bremer
Stadtmusikanten

Sterntaler

Hänsel und Gretel

Dornröschen

Schneewittchen und
die sieben Zwerge

Die Bremer Stadtmusikanten, Hänsel und Gretel, Dornröschen,
Schneewittchen und die sieben Zwerge, Sterntaler

36

Kennst du diese Märchen? 2

1 👁 Lies die fünf Sätze.

Schneewittchen und die sieben Zwerge

1. Es war einmal ein schönes Mädchen.
2. Die böse Mutter schickte es in den tiefen Wald.
3. Hier lebte es bei sieben Zwergen.
4. Die Zwerge retteten das Mädchen.
5. Das Mädchen wurde eine Königin.

2 ✎ Erkennst du das Märchen?
Schreibe die Überschrift auf die Zeile.

3 👁 Lies die fünf Sätze.

Die Bremer Stadtmusikanten

1. Es waren einmal vier Tiere.
2. Alle waren alt und wurden nicht mehr gebraucht.
3. Sie gingen nach Bremen, um dort Musik zu machen.
4. Sie jagten die Räuber fort.
5. Dann lebten sie zufrieden, bis an ihr Ende.

4 ✎ Erkennst du das Märchen?
Schreibe die Überschrift auf die Zeile.

37

Ein Märchen fertig schreiben

1 👁 Lies den Märchentext.

2 ✎ Ergänze die fehlenden Wörter.

Die Sterntaler

Es war einmal ein Mädchen,

das hatte keine Eltern mehr.

Allein ging es in den Wald.

Einem Kind gab es seine _____Mütze_____ .

Ein anderes Kind bekam seine _____Jacke_____ .

Zum Schluss hatte es nichts mehr.

Auf einmal fielen die _____Sterne_____ vom Himmel

und waren Taler aus _____Gold_____ .

Das Mädchen trug ein neues _____Kleid_____

aus schönem Stoff.

Es sammelte alle _____Taler_____ hinein.

Nun war das Mädchen _____reich_____ .

Wenn es nicht gestorben ist,

dann lebt es noch heute.

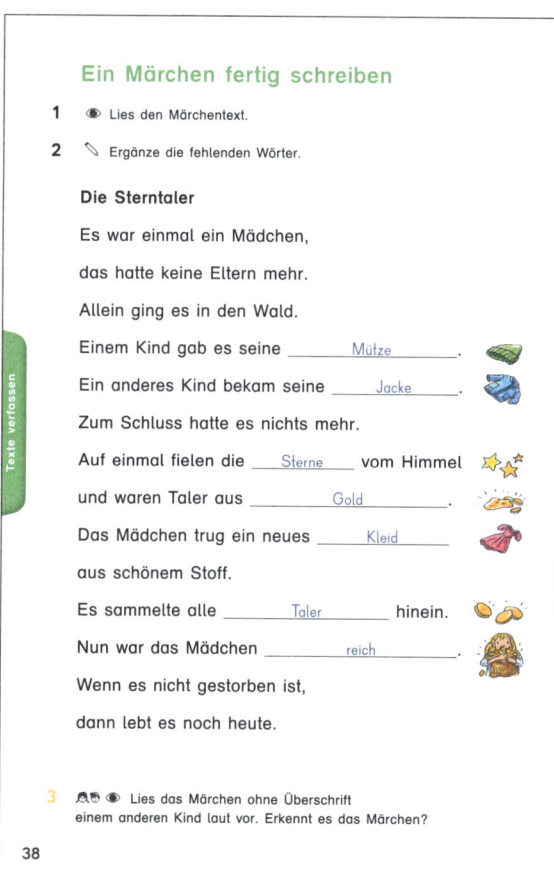

3 👁 Lies das Märchen ohne Überschrift
einem anderen Kind laut vor. Erkennt es das Märchen?

38

Einen Vorgang beschreiben 1: Obstsalat

1 👁 Schau dir die Bilder an.

2 ✎ Schreibe unter die Bilder, was die Kinder tun.

Die Kinder
kaufen Obst ein.

Der Junge
wäscht das Obst.

Er schneidet
das Obst klein.

Er mischt das Obst
in der Schüssel.

Der Junge
deckt den Tisch.

Die Kinder
essen Obstsalat.

3 ✎ Schreibe Obstsorten auf, die du kennst:

Apfel, Birne, Banane, Orange, Zitrone, Weintrauben, Ananas

4 👥 Bereitet nach dieser Anleitung einen Obstsalat zu.

39

65

© Bildungshaus Schulbuchverlage

Einen Vorgang beschreiben 2: Papierflieger falten

1 Schneide die Textkärtchen von Seite 76 aus.

2 👁 Lies die Kärtchen durch und lege sie zum richtigen Bild.

3 Kontrolliere und klebe sie dann auf.

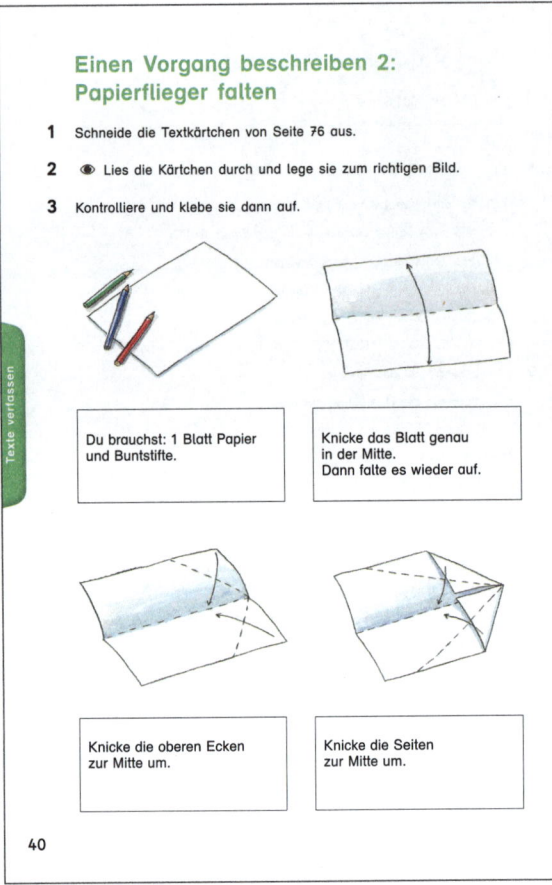

Du brauchst: 1 Blatt Papier und Buntstifte.

Knicke das Blatt genau in der Mitte. Dann falte es wieder auf.

Knicke die oberen Ecken zur Mitte um.

Knicke die Seiten zur Mitte um.

40

Einen Vorgang beschreiben 3: Papierflieger falten

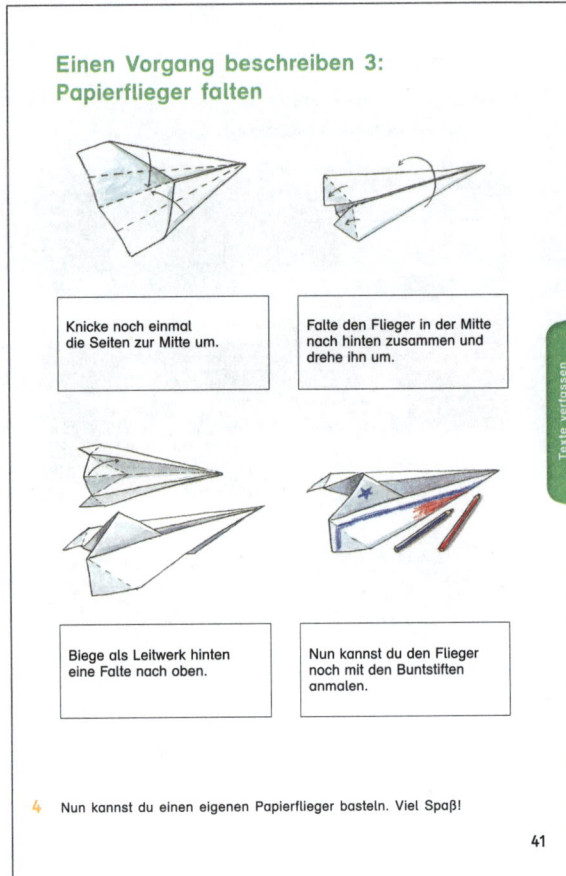

Knicke noch einmal die Seiten zur Mitte um.

Falte den Flieger in der Mitte nach hinten zusammen und drehe ihn um.

Biege als Leitwerk hinten eine Falte nach oben.

Nun kannst du den Flieger noch mit den Buntstiften anmalen.

4 Nun kannst du einen eigenen Papierflieger basteln. Viel Spaß!

41

Doppelte Mitlaute schreiben

Merksatz

Wörter, die sich reimen, werden ähnlich geschrieben:
Klasse – Tasse, Wanne – Tanne, Suppe – Puppe.

1 ✏ Verbinde die Wörter, die sich reimen.

✏ Markiere die Buchstaben, die gleich sind.

Sonne Messer Pappe Zelle Nüsse Rolle
besser Tonne Wolle Küsse Kappe Pelle

2 ✏ Schreibe das Reimwort auf.

✏ Markiere die Buchstaben, die gleich sind.

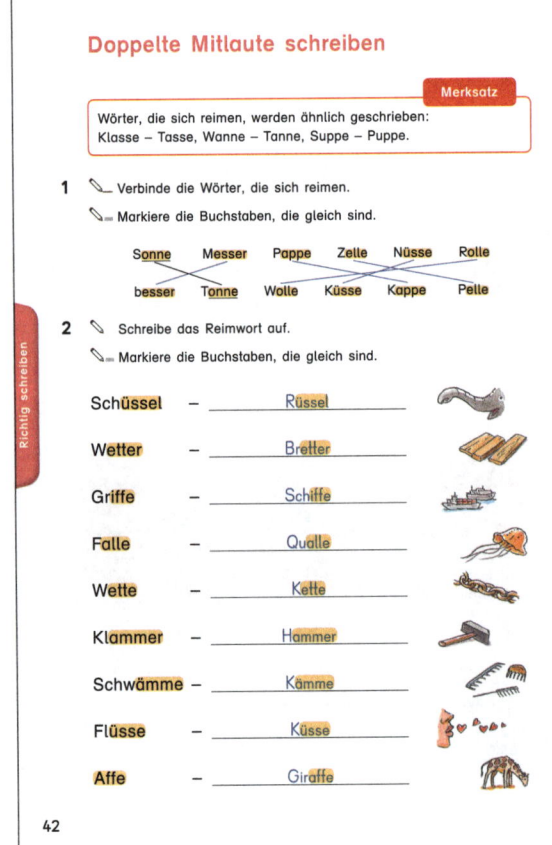

Schüssel	–	Rüssel
Wetter	–	Bretter
Griffe	–	Schiffe
Falle	–	Qualle
Wette	–	Kette
Klammer	–	Hammer
Schwämme	–	Kämme
Flüsse	–	Küsse
Affe	–	Giraffe

42

Nachdenkwörter: Doppelte Mitlaute 1

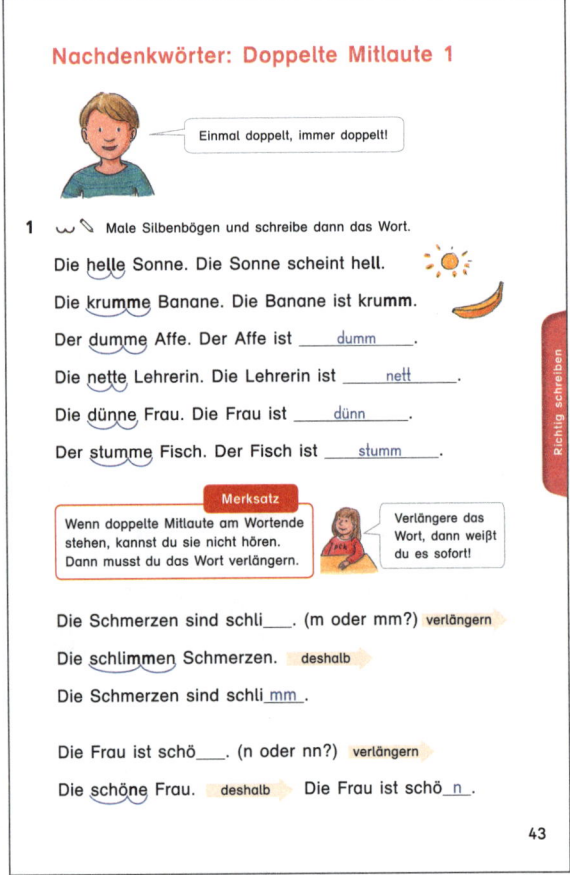

Einmal doppelt, immer doppelt!

1 〰 ✏ Male Silbenbögen und schreibe dann das Wort.

Die helle Sonne. Die Sonne scheint hell.

Die krumme Banane. Die Banane ist krumm.

Der dumme Affe. Der Affe ist _____dumm_____.

Die nette Lehrerin. Die Lehrerin ist _____nett_____.

Die dünne Frau. Die Frau ist _____dünn_____.

Der stumme Fisch. Der Fisch ist _____stumm_____.

Merksatz

Wenn doppelte Mitlaute am Wortende stehen, kannst du sie nicht hören. Dann musst du das Wort verlängern.

Verlängere das Wort, dann weißt du es sofort!

Die Schmerzen sind schli___. (m oder mm?) verlängern

Die schlimmen Schmerzen. deshalb

Die Schmerzen sind schli mm .

Die Frau ist schö___. (n oder nn?) verlängern

Die schöne Frau. deshalb Die Frau ist schö n .

43

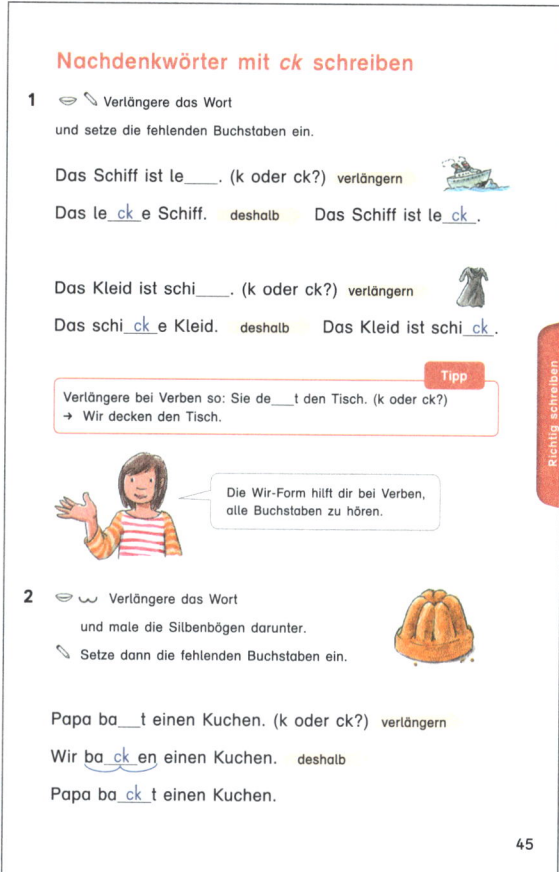

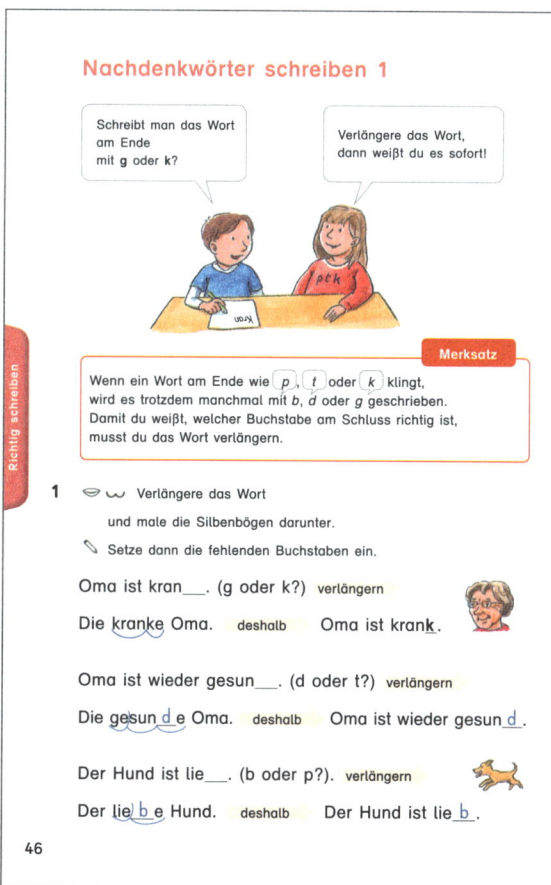

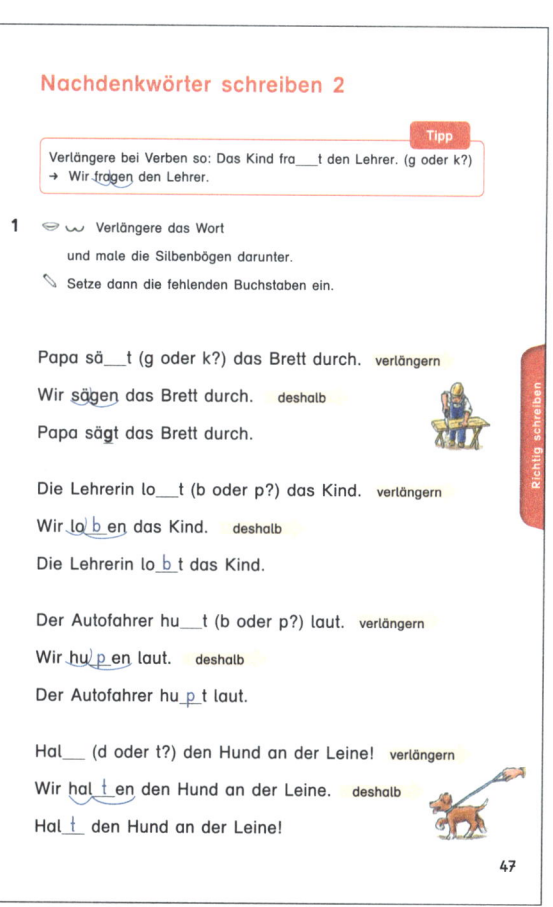

Nachdenkwörter: Doppelte Mitlaute 2

1 👁👂 Verlängere die Wörter und male Silbenbögen darunter.

✏ Setze dann die fehlenden Buchstaben ein.

Das Auto fährt schne___. (l oder ll?) verlängern

Das schne_ll_ e Auto. deshalb

Das Auto fährt schne_ll_ .

Die Hose ist ro___. (t oder tt?) verlängern

Die ro_t_ e Hose. deshalb   Die Hose ist ro_t_ .

Die Verkleidung ist kra___. (s oder ss?) verlängern

Die kra_ss_ e Verkleidung. deshalb

Die Verkleidung ist kra_ss_ .

Merksatz
Wenn du „k–k" sprichst, musst du „ck" schreiben:
lecker, Zucker, Hocker, Bäcker.

Das Nilpferd ist di___. (k oder ck?) verlängern

Das dicke Nilpferd. deshalb   Das Nilpferd ist di_ck_ .

44

Nachdenkwörter mit *ck* schreiben

1 👁✏ Verlängere das Wort

und setze die fehlenden Buchstaben ein.

Das Schiff ist le___. (k oder ck?) verlängern

Das le_ck_ e Schiff. deshalb   Das Schiff ist le_ck_ .

Das Kleid ist schi___. (k oder ck?) verlängern

Das schi_ck_ e Kleid. deshalb   Das Kleid ist schi_ck_ .

Tipp
Verlängere bei Verben so: Sie de___t den Tisch. (k oder ck?)
→ Wir decken den Tisch.

Die Wir-Form hilft dir bei Verben,
alle Buchstaben zu hören.

2 👁👂 Verlängere das Wort

und male die Silbenbögen darunter.

✏ Setze dann die fehlenden Buchstaben ein.

Papa ba___t einen Kuchen. (k oder ck?) verlängern

Wir ba_ck_ en einen Kuchen. deshalb

Papa ba_ck_ t einen Kuchen.

45

Nachdenkwörter schreiben 1

Schreibt man das Wort
am Ende
mit g oder k?

Verlängere das Wort,
dann weißt du es sofort!

Merksatz
Wenn ein Wort am Ende wie p , t oder k klingt,
wird es trotzdem manchmal mit b, d oder g geschrieben.
Damit du weißt, welcher Buchstabe am Schluss richtig ist,
musst du das Wort verlängern.

1 👁👂 Verlängere das Wort

und male die Silbenbögen darunter.

✏ Setze dann die fehlenden Buchstaben ein.

Oma ist kran___. (g oder k?) verlängern

Die kranke Oma. deshalb   Oma ist krank .

Oma ist wieder gesun___. (d oder t?) verlängern

Die gesun_d_ e Oma. deshalb   Oma ist wieder gesun_d_ .

Der Hund ist lie___. (b oder p?). verlängern

Der lie_b_ e Hund. deshalb   Der Hund ist lie_b_ .

46

Nachdenkwörter schreiben 2

Tipp
Verlängere bei Verben so: Das Kind fra___t den Lehrer. (g oder k?)
→ Wir fragen den Lehrer.

1 👁👂 Verlängere das Wort

und male die Silbenbögen darunter.

✏ Setze dann die fehlenden Buchstaben ein.

Papa sä___t (g oder k?) das Brett durch. verlängern

Wir sägen das Brett durch. deshalb

Papa sägt das Brett durch.

Die Lehrerin lo___t (b oder p?) das Kind. verlängern

Wir lo_b_ en das Kind. deshalb

Die Lehrerin lo_b_ t das Kind.

Der Autofahrer hu___t (b oder p?) laut. verlängern

Wir hu_p_ en laut. deshalb

Der Autofahrer hu_p_ t laut.

Hal___ (d oder t?) den Hund an der Leine! verlängern

Wir hal_t_ en den Hund an der Leine! deshalb

Hal_t_ den Hund an der Leine!

47

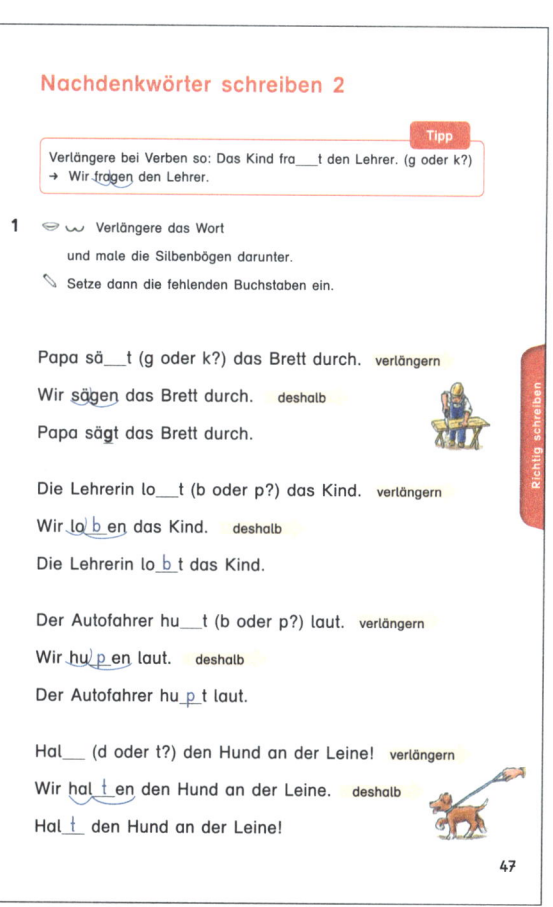

Richtig schreiben

Lösungen

67

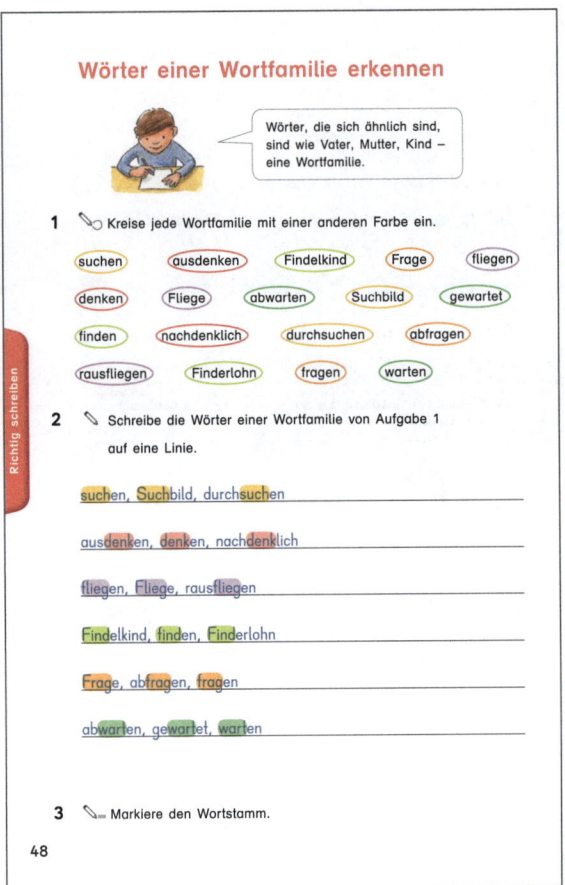

Wörter einer Wortfamilie erkennen

Wörter, die sich ähnlich sind, sind wie Vater, Mutter, Kind – eine Wortfamilie.

1 Kreise jede Wortfamilie mit einer anderen Farbe ein.

suchen · ausdenken · Findelkind · Frage · fliegen
denken · Fliege · abwarten · Suchbild · gewartet
finden · nachdenklich · durchsuchen · abfragen
rausfliegen · Finderlohn · fragen · warten

2 Schreibe die Wörter einer Wortfamilie von Aufgabe 1 auf eine Linie.

suchen, Suchbild, durchsuchen

ausdenken, denken, nachdenklich

fliegen, Fliege, rausfliegen

Findelkind, finden, Finderlohn

Frage, abfragen, fragen

abwarten, gewartet, warten

3 Markiere den Wortstamm.

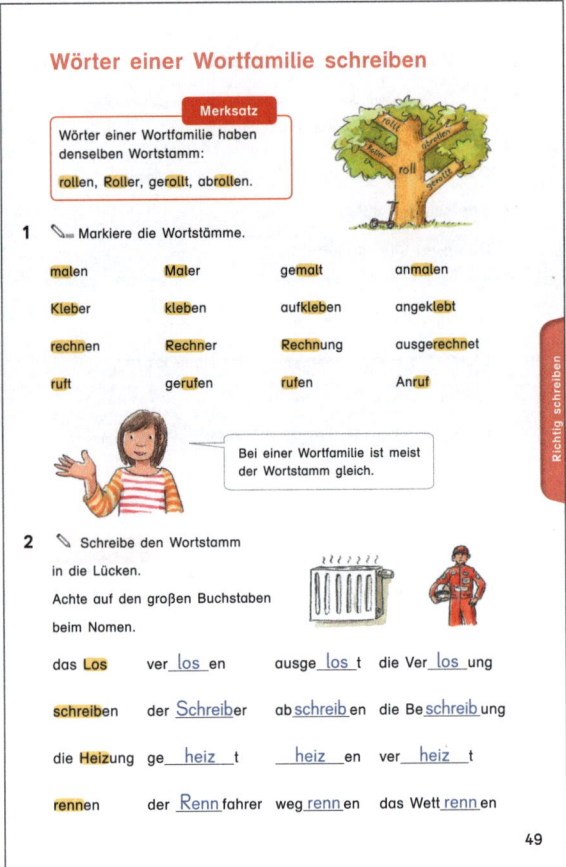

Wörter einer Wortfamilie schreiben

Merksatz

Wörter einer Wortfamilie haben denselben Wortstamm:
rollen, **Roll**er, ge**roll**t, ab**roll**en.

1 Markiere die Wortstämme.

malen	Maler	gemalt	anmalen
Kleber	kleben	aufkleben	angeklebt
rechnen	Rechner	Rechnung	ausgerechnet
ruft	gerufen	rufen	Anruf

Bei einer Wortfamilie ist meist der Wortstamm gleich.

2 Schreibe den Wortstamm in die Lücken. Achte auf den großen Buchstaben beim Nomen.

das **Los**   ver_los_en   ausge_los_t   die Ver_los_ung

schreiben   der _Schreib_er   ab_schreib_en   die Be_schreib_ung

die **Heiz**ung   ge_heiz_t   _heiz_en   ver_heiz_t

rennen   der _Renn_fahrer   weg_renn_en   das Wett_renn_en

Nomen erkennen

Merksatz

Nomen sind Namen für Menschen, Tiere, Pflanzen und Dinge.
Sie werden großgeschrieben und haben einen Begleiter (Artikel),
z. B. das Kind, der Hund, das Auto, die Blume.

1 Kreise alle Nomen auf dem Bild ein.

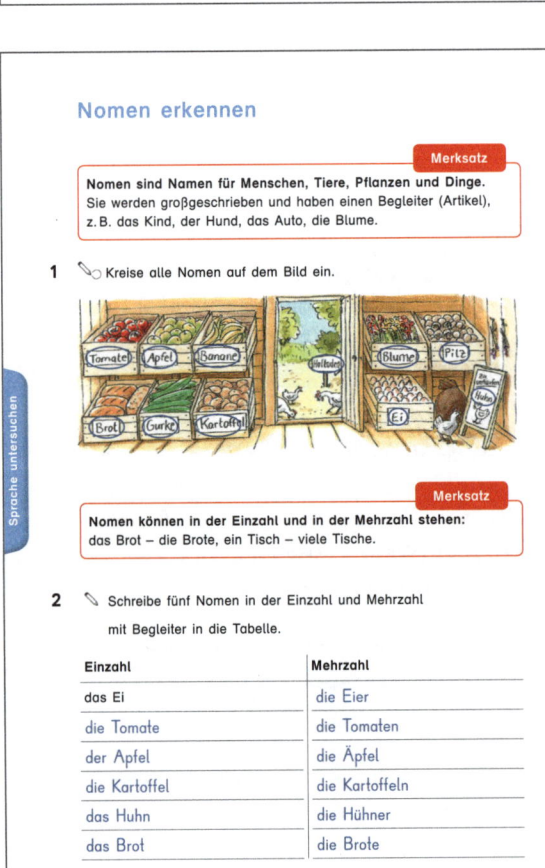

Merksatz

Nomen können in der Einzahl und in der Mehrzahl stehen:
das Brot – die Brote, ein Tisch – viele Tische.

2 Schreibe fünf Nomen in der Einzahl und Mehrzahl mit Begleiter in die Tabelle.

Einzahl	Mehrzahl
das Ei	die Eier
die Tomate	die Tomaten
der Apfel	die Äpfel
die Kartoffel	die Kartoffeln
das Huhn	die Hühner
das Brot	die Brote

Zusammengesetzte Nomen

Merksatz

Nomen kann man zusammensetzen.
Aus zwei Nomen wird ein Nomen,
das genauer sagt, was gemeint ist:
die Schnecke + das Haus = das Schneckenhaus.

1 Schreibe die zusammengesetzten Nomen mit Begleiter auf.
Tipp: Die Lösungswörter findest du unten im Rahmen.

der Regen + der Bogen = _der Regenbogen_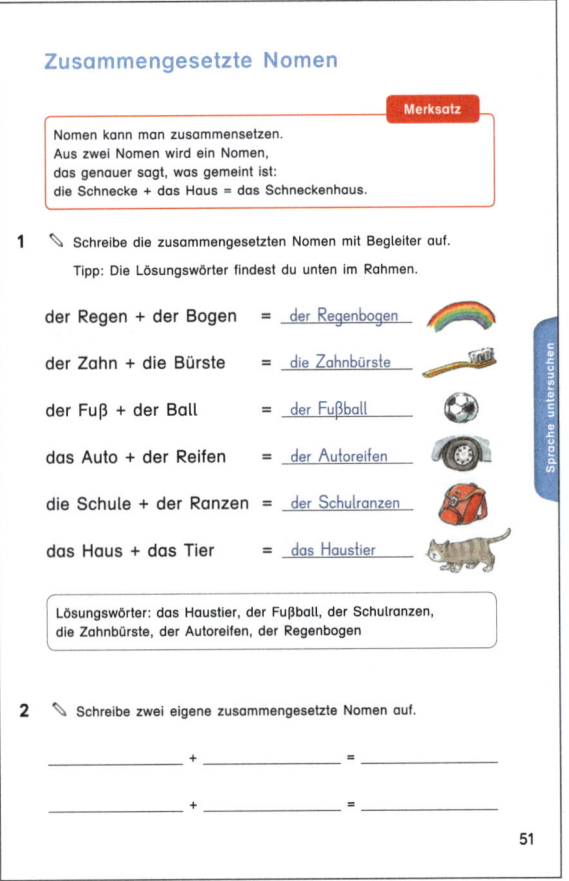

der Zahn + die Bürste = _die Zahnbürste_

der Fuß + der Ball = _der Fußball_

das Auto + der Reifen = _der Autoreifen_

die Schule + der Ranzen = _der Schulranzen_

das Haus + das Tier = _das Haustier_

Lösungswörter: das Haustier, der Fußball, der Schulranzen,
die Zahnbürste, der Autoreifen, der Regenbogen

2 Schreibe zwei eigene zusammengesetzte Nomen auf.

_____ + _____ = _____

_____ + _____ = _____

Verben erkennen

> **Merksatz**
>
> Verben sagen, was man **tun** kann: rennen, spielen, malen.

1 👁 ✎ Lies den Text und <mark>markiere</mark> die Verben.

In der Schule

Die Kinder <mark>lernen</mark>.

Lisa und Ina <mark>rechnen</mark>.

Ole und Tim <mark>lesen</mark>.

In der Pause <mark>spielen</mark> sie auf dem Hof.

Nach der Schule <mark>gehen</mark> alle nach Hause.

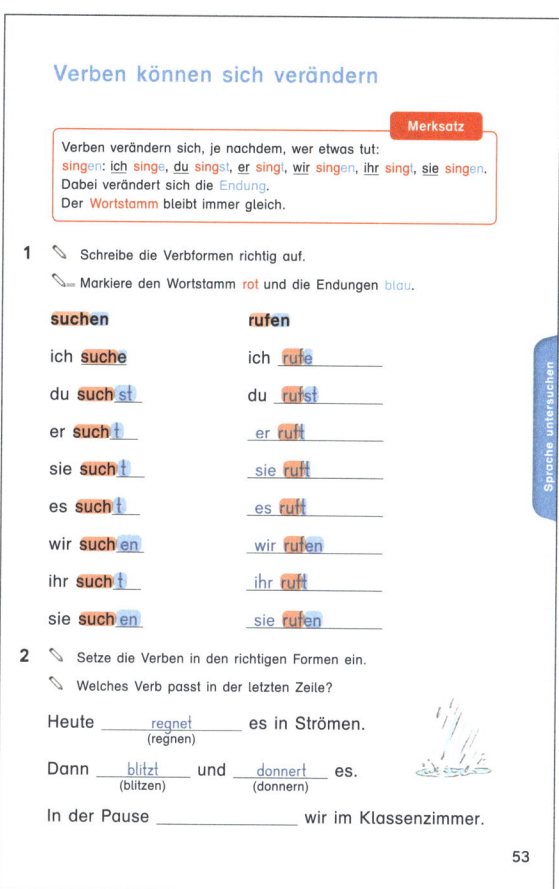

2 ✎ Schreibe auf, was du gern tust,

was deine Freunde gern tun und was ihr gern zusammen tut.

Ich _____ gern.

Ich _____ gern.

Mein Freund _____ gern.

Meine Freundin _____ gern.

Wir _____ gern zusammen.

Wir _____ gern zusammen.

52

Verben können sich verändern

> **Merksatz**
>
> Verben verändern sich, je nachdem, wer etwas tut:
> singen: ich singe, du singst, er singt, wir singen, ihr singt, sie singen.
> Dabei verändert sich die Endung.
> Der Wortstamm bleibt immer gleich.

1 ✎ Schreibe die Verbformen richtig auf.

✎ Markiere den Wortstamm rot und die Endungen blau.

suchen	**rufen**
ich **such**e	ich **ruf**e
du **such**st	du **ruf**st
er **such**t	er **ruf**t
sie **such**t	sie **ruf**t
es **such**t	es **ruf**t
wir **such**en	wir **ruf**en
ihr **such**t	ihr **ruf**t
sie **such**en	sie **ruf**en

2 ✎ Setze die Verben in den richtigen Formen ein.

✎ Welches Verb passt in der letzten Zeile?

Heute ___regnet___ es in Strömen.
      (regnen)

Dann ___blitzt___ und ___donnert___ es.
   (blitzen)   (donnern)

In der Pause _____ wir im Klassenzimmer.

53

Adjektive erkennen

> **Merksatz**
>
> Adjektive sagen, **wie** etwas ist:
> Das Eis ist **kalt**. – das **kalte** Eis

1 ✎ Markiere die Adjektive.

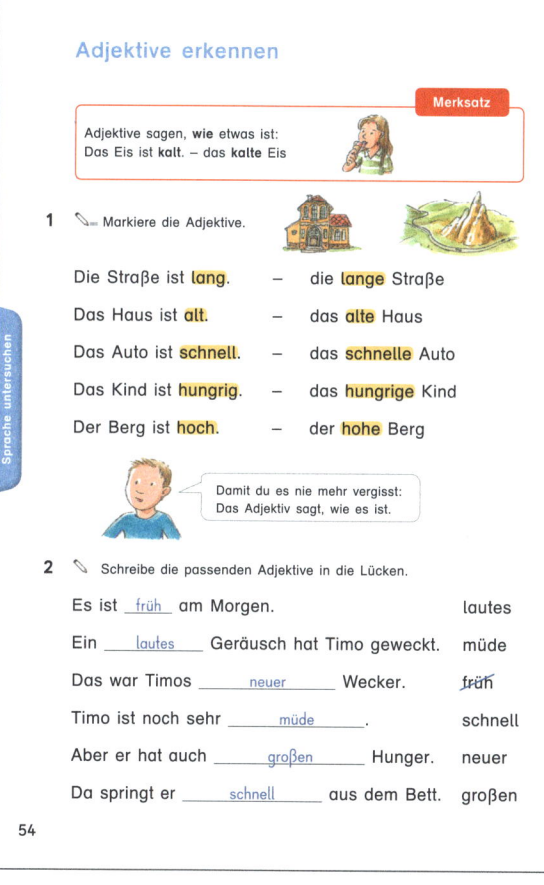

Die Straße ist <mark>lang</mark>. — die <mark>lange</mark> Straße

Das Haus ist <mark>alt</mark>. — das <mark>alte</mark> Haus

Das Auto ist <mark>schnell</mark>. — das <mark>schnelle</mark> Auto

Das Kind ist <mark>hungrig</mark>. — das <mark>hungrige</mark> Kind

Der Berg ist <mark>hoch</mark>. — der <mark>hohe</mark> Berg

> Damit du es nie mehr vergisst:
> Das Adjektiv sagt, wie es ist.

2 ✎ Schreibe die passenden Adjektive in die Lücken.

Es ist ___früh___ am Morgen.   lautes

Ein ___lautes___ Geräusch hat Timo geweckt.   müde

Das war Timos ___neuer___ Wecker.   ~~früh~~

Timo ist noch sehr ___müde___.   schnell

Aber er hat auch ___großen___ Hunger.   neuer

Da springt er ___schnell___ aus dem Bett.   großen

54

Mit Adjektiven vergleichen

> **Merksatz**
>
> Mit Adjektiven kann man **vergleichen**:
> Leon ist groß. Ali ist größer. Nelli ist am größten.

1 ✎ Schreibe die passenden Adjektive auf die Zeilen.

Das Haus ist ___hoch___.   am höchsten

Der Kran ist ___höher___.   ~~hoch~~

Der Berg ist ___am höchsten___.   ~~höher~~

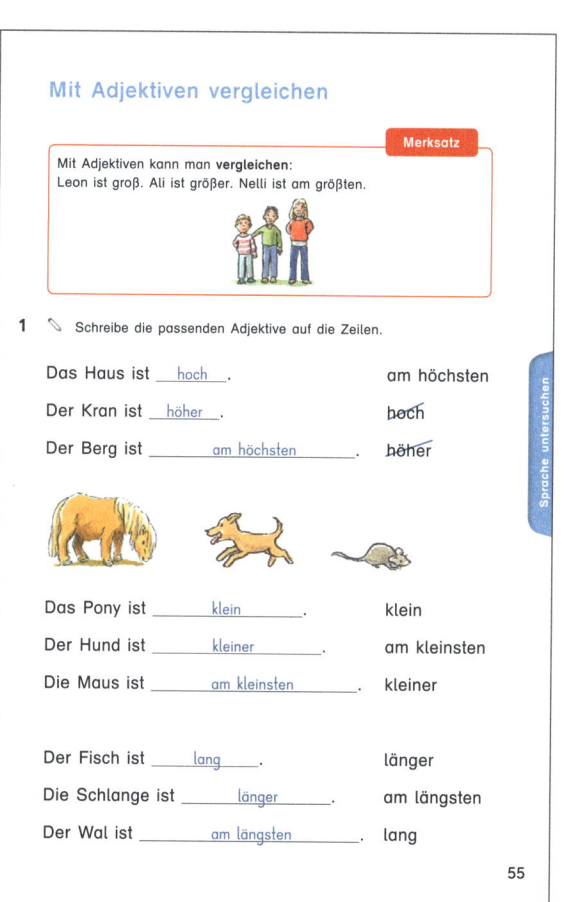

Das Pony ist ___klein___.   klein

Der Hund ist ___kleiner___.   am kleinsten

Die Maus ist ___am kleinsten___.   kleiner

Der Fisch ist ___lang___.   länger

Die Schlange ist ___länger___.   am längsten

Der Wal ist ___am längsten___.   lang

55

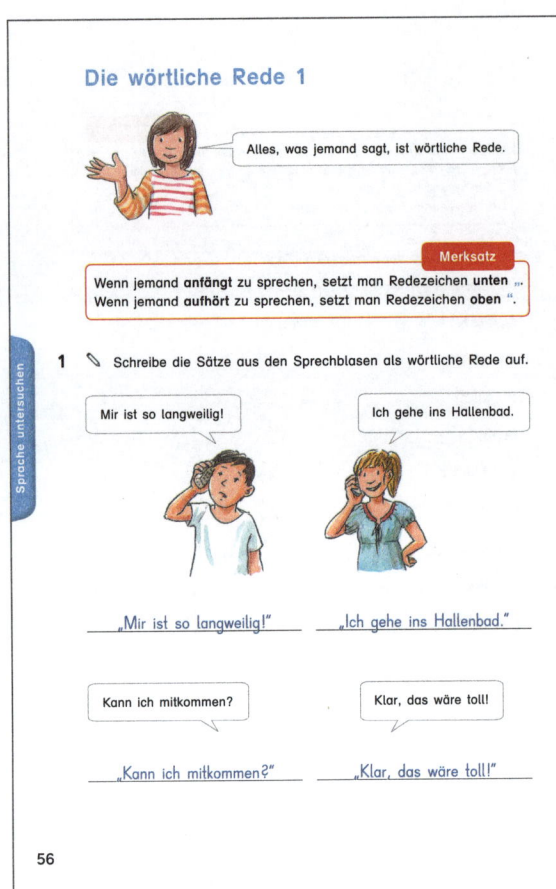

Die wörtliche Rede 1

Alles, was jemand sagt, ist wörtliche Rede.

Merksatz

Wenn jemand **anfängt** zu sprechen, setzt man Redezeichen **unten** „.
Wenn jemand **aufhört** zu sprechen, setzt man Redezeichen **oben** ".

1 ✎ Schreibe die Sätze aus den Sprechblasen als wörtliche Rede auf.

Mir ist so langweilig!

Ich gehe ins Hallenbad.

„Mir ist so langweilig!"   „Ich gehe ins Hallenbad."

Kann ich mitkommen?

Klar, das wäre toll!

„Kann ich mitkommen?"   „Klar, das wäre toll!"

Sprache untersuchen

56

Die wörtliche Rede 2

Merksatz

Damit man weiß, **wer** gerade spricht, schreibt man
vor der wörtlichen Rede einen **Begleitsatz** mit **Doppelpunkt**.
Lena sagt: „Dann weiß man auch ohne Bilder, wer gerade redet."

1 ✎ Schreibe die Begleitsätze vor die wörtliche Rede.

Verwende diese Verben: antworten, meinen, rufen.

Hast du die Hausauf-gaben verstanden?

Nein, tut mir leid.

Umut fragt: „Hast du die   Sara antwortet   :
Hausaufgaben verstanden?"   „Nein, tut mir leid."

Wollen wir Jan fragen?

Gute Idee!

Umut meint   :   Sara ruft   :

„ Wollen wir Jan fragen? "   „Gute Idee!"

Sprache untersuchen

57

Was kann ich nun?

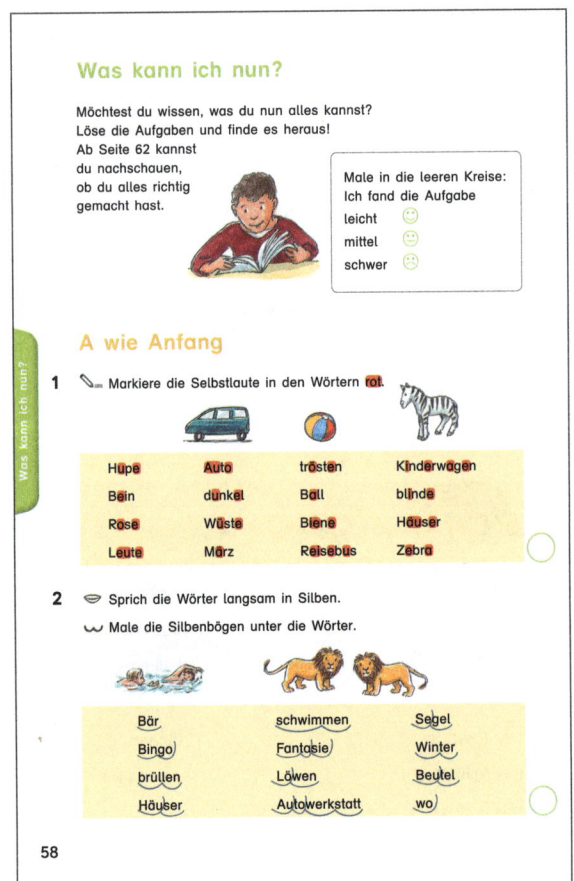

Möchtest du wissen, was du nun alles kannst?
Löse die Aufgaben und finde es heraus!
Ab Seite 62 kannst
du nachschauen,
ob du alles richtig
gemacht hast.

Male in die leeren Kreise:
Ich fand die Aufgabe
leicht ☺
mittel ☺
schwer ☺

A wie Anfang

1 ✎ Markiere die Selbstlaute in den Wörtern rot.

Hüpe	Auto	trösten	Kinderwagen
Bein	dunkel	Ball	blinde
Rose	Wüste	Biene	Häuser
Leute	März	Reisebus	Zebra

2 ◉ Sprich die Wörter langsam in Silben.
◡ Male die Silbenbögen unter die Wörter.

Bär	schwimmen	Segel
Bingo	Fantasie	Winter
brüllen	Löwen	Beutel
Häuser	Autowerkstatt	wo

Was kann ich nun?

58

Werkstatt: Lernen

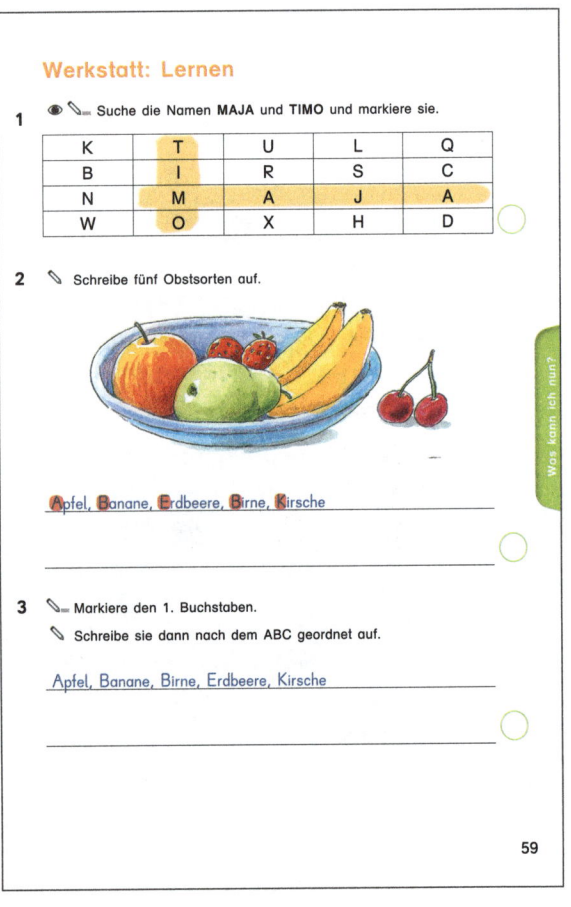

1 👁 ✎ Suche die Namen **MAJA** und **TIMO** und markiere sie.

K	T	U	L	Q
B	I	R	S	C
N	M	A	J	A
W	O	X	H	D

2 ✎ Schreibe fünf Obstsorten auf.

Apfel, Banane, Erdbeere, Birne, Kirsche

3 ✎ Markiere den 1. Buchstaben.
✎ Schreibe sie dann nach dem ABC geordnet auf.

Apfel, Banane, Birne, Erdbeere, Kirsche

Was kann ich nun?

59

Werkstatt: Richtig schreiben

1 ▱ Verlängere das Wort.

✎ Setze dann die fehlenden Buchstaben ein.

Die Tulpen sind gel___. (b oder p?) verlängern

Die gel_b_en Tulpen. deshalb Die Tulpen sind gel_b_.

Bin___ dir die Schuhe zu! (d oder t?) verlängern

Wir bin_d_en uns die Schuhe zu. deshalb

Bin_d_ dir die Schuhe zu!

Lisa pflü___t Äpfel. (k oder ck?) verlängern

Wir pflü_ck_en Äpfel. deshalb Lisa pflü_ck_t Äpfel.

2 ✎ Schreibe den Wortstamm in die Lücken.

die Rede – ge_red_et – die Verab_red_ung – mit_red_en

spielen – mit _spiel_en – der _Spiel_er – das _Spiel_

Werkstatt: Sprache untersuchen

1 Zerlege die zusammengesetzten Nomen in zwei Teile.

✎ Schreibe die Nomen mit Begleiter auf.

Gartentor = _der Garten_ + _das Tor_

Kellerfenster = _der Keller_ + _das Fenster_

Haustür = _das Haus_ + _die Tür_

Apfelbaum = _der Apfel_ + _der Baum_

2 ✎ Setze die richtige Form des Verbs ein.

Wenn ich rufe, _hörst_ du mich.
(hören)

Ob du _kommst_, das weiß ich nicht.
(kommen)

3 ✎ Setze die richtige Form des Adjektivs ein.

Der Ranzen ist _schwer_. am schwersten

Der Koffer ist _schwerer_. schwer

Die Kiste ist _am schwersten_. schwerer

Dein Arbeitsheft

Liebe(r) _____,

dieses Arbeitsheft ist für dich.

Damit kannst du besser schreiben lernen!

Diese Suchaufgaben sind für dich:

1 ◉ Zähle die Kinder in diesem Heft:

✎ Es sind _75_ Kinder.

2 ◉ Wo hat sich das Nilpferd versteckt?

✎ Auf Seite _44_

3 ◉ Vergleiche die Bilder: Welches ist richtig?
✎ Kreuze das Bild an, das so aussieht wie auf S. 7.

4 ◉ Was machen Ben und Teresa gern? (S. 16/17)

✎ Ben _baut_ und Teresa _träumt_.

5 ◉ Wie heißen die Kinder, die auf S. 57 miteinander telefonieren?

✎ Sie heißen _Umut_ und _Sara_.

Vergleiche deine Lösungen mit den Lösungen auf Seite 71. Viel Spaß!

Arbeitsplan

von

_____

Arbeitsplan

Schreibe auf,
was du schon geübt hast.
Mit den Smiley-Gesichtern
kannst du dich selbst einschätzen,
wie gut du etwas schon kannst.

Male in die leeren Kreise:
Ich fand die Aufgabe

leicht ☺
mittel 😐
schwer ☹

Seite	Wann?	Mit wem?	Kontrolliert von	☺ 😐 ☹
22	12.10.	mit Lilli	Frau Birkner	😐
39	21.02.	allein	Mama	☺

Seite				
4				○
5				○
6				○
7				○
8				○
9				○
10				○
11				○
12				○
13				○

Seite	Wann?	Mit wem?	Kontrolliert von	☺ ☺ ☹
14				◯
15				◯
16				◯
17				◯
18				◯
19				◯
20				◯
21				◯
22				◯
23				◯
24				◯
25				◯
26				◯
27				◯
28				◯
29				◯
30				◯
31				◯
32				◯
33				◯

Arbeitsplan

Seite	Wann?	Mit wem?	Kontrolliert von	☺ ☺ ☹
34				◯
35				◯
36				◯
37				◯
38				◯
39				◯
40				◯
41				◯
42				◯
43				◯
44				◯
45				◯
46				◯
47				◯
48				◯
49				◯
50				◯
51				◯
52				◯
53				◯
54				◯
55				◯
56				◯
57				◯

Arbeitsplan

S. 27: Einen Streit klären

S. 40/41: Einen Vorgang beschreiben
1 + 2: Papierflieger falten

Du brauchst: 1 Blatt Papier
und Buntstifte.

Knicke noch einmal
die Seiten zur Mitte um.

Knicke das Blatt genau
in der Mitte.
Dann falte es wieder auf.

Knicke die Seiten
zur Mitte um.

Nun kannst du den Flieger
noch mit den Buntstiften
anmalen.

Falte den Flieger in der Mitte
nach hinten zusammen und
drehe ihn um.

Biege als Leitwerk hinten
eine Falte nach oben.

Knicke die oberen Ecken
zur Mitte um.